ULLA NEDEBOCK

BABYS BRAUCHEN MUSIK

Kitzellieder, Fingerspiele und Kniereiter
Hilfreiche Rituale für eine gesunde Entwicklung

W0075380

INHALT

LIEBE MUTTER, LIEBER VATER

Schon als Ihr Kind im Bauch heranwuchs, hat es Töne wahrgenommen. Der Herzschlag der Mutter war der erste Takt, den es gehört hat. Und auch noch nach der Geburt geht eine beruhigende Wirkung von diesem Geräusch aus – nicht zufällig nimmt man ein Baby meist so in den Arm, dass sein Kopf an der linken Brust ruht, wo es den Herzschlag gut hören und spüren kann.

Als Eltern tun Sie sicher alles, um Ihrem neuen Familienzuwachs ein angenehmes Zuhause zu bieten. Nach der ersten Zeit der großen Umstellung gibt es bestimmt immer noch Tage, an denen Sie an Ihre nervlichen Grenzen geraten, aber der Alltag hat sich doch eingespielt. Sie denken darüber nach, wie Sie Ihr Baby fördern können, damit es sich möglichst gut entwickelt. Das ist ganz einfach, denn Kinder lernen spielerisch. Spielen ist für sie Lernen. Diese angeborene Fähigkeit, Neues kennenlernen zu wollen, können Sie zu Hause wunderbar nutzen, um Ihrem Kind ein gutes Rhythmusgefühl und Spaß an Musik mitzugeben.

Wenn Sie mit Ihrem Baby Musik „spielen", schulen Sie mit viel Spaß das musikalische Gehör. Bei Kniereiterliedern erspürt es den Rhythmus, bei Fingerspielen beginnt es seine Finger einzeln zu bewegen, bei Kitzelreimen lernt es seinen Körper kennen. Fingermärchen beflügeln seine Fantasie und Wiegenlieder schaffen Entspannung. Bei alldem fördern Sie nebenbei das Verständnis für Sprache und das Sprechen.

Zusammen spielen, singen und tanzen – eine hervorragende Basis, damit sich das Baby oder Kleinkind wohlfühlt. Krabbelverse und Kniereiter bringen Mutter und Kind (oder Vater, Großmutter usw. und Kind) ganz nah zusammen. Und am Ende schaut das Baby erwartungsvoll und das Kleinkind ruft: „Noch mal, noch mal!", sodass vielleicht aus dem kurzen Moment ein langer wird. Als Erwachsener wird man dabei die Erfahrung machen, dass es sich überaus gelohnt hat, Waschmaschine oder Schreibtisch für einige Zeit warten zu lassen. Ein Kinderlachen ist tausendmal wertvoller und bringt so viel Nähe. Ihre persönlichen Lieblingsspiellieder und Lieblingsreime werden schon bald hilfreiche Rituale für den Alltag sein, die Halt und Geborgenheit geben und auch mal über Trotz oder Tränen hinweghelfen.

Betrachtet man die Zeitspanne, die man mit seinen Kindern verbringt, ist jene Phase doch sehr kurz, in der sie Mama und Papa so sehr brauchen, umwerben, bewundern und genießen. Genießen Sie es auch! Und viele Untersuchungen haben gezeigt: Wer in den ersten Jahren Geborgenheit und liebevolles Vertrauen schenkt, schafft eine tragfähige Basis für die lebenslange Beziehung.

Wenn Musik zum täglichen Allerlei des Kindes dazugehört, dann wird die Musik es in der Zeit des Reifens und im Erwachsenenleben begleiten. Ob Freude an Musik später bedeutet, einfach gerne Musik zu hören oder dazu zu tanzen oder selbst mit einem Instrument oder der eigenen Stimme zu musizieren – wertvoll ist alles und jeder kann Musik auf seine eigene Weise zu einem Teil seines Lebens machen. Legen Sie als Eltern den Grundstein dafür!

Ulla Nedebock

WARUM EINE AUDIO-CD?

Man kann dieses Buch einfach irgendwo aufschlagen und einen Kitzelreim oder ein Gutenachtlied ausprobieren. Das ist problemlos möglich, denn zu jedem Lied gibt es eine genaue Spielanleitung und Ideen und Tipps, mit denen man direkt loslegen kann. Das erfordert keinerlei Vorbereitung und keine zusätzlichen Materialien, und wer möchte, legt dazu die mitgelieferte CD ein.

Alle Reime und Lieder, die im Buch vorkommen, sind auch auf der CD zu hören. Es ist eine Mischung aus neuen und aus überlieferten Melodien und Texten, die speziell für das Spielen mit Babys und Kleinkindern geeignet sind. Da Sie alles anhören können, wird Ihnen das Singen der Lieder leicht fallen. Es genügt vollkommen, auch nur die erste Strophe eines Liedes zu singen. Und wenn die mal „sitzt", fällt die zweite Strophe schon viel leichter, weil die Melodie ja bereits vertraut ist. Vielleicht kommt Ihnen ja auch das eine oder andere Gutenachtlied bekannt vor, weil Ihre Mutter Sie ebenfalls damit in den Schlaf gesungen hat. Oder Sie erinnern sich an ein Fingerspiel, das Ihr Großvater Ihnen vorgemacht hat. Den vollständigen Text oder die Melodie haben Sie aber vielleicht nicht mehr parat. Dafür ist dies Kombination aus Buch und CD ideal. So haben Sie als Eltern die Möglichkeit, zu Hause mit Ihrem Baby oder Kleinkind Musik zu „spielen", eine Menge Spaß miteinander zu haben und es ganz nebenbei auf vielfältige Weise zu fördern.

Einfach ausprobieren!

Was kann man mit Säuglingen spielen? Dafür hält der erste Teil des Ratgebers eine Fülle von Anregungen bereit. Erste Kitzelreime, beruhigende Wiegenlieder, Massagelieder gegen Bauchweh und Abendrituale finden schon im Alltag mit den Allerkleinsten ihren Platz. Das Kapitel „Spiellieder für den Tag" bietet viele Vorschläge, wie man auf die neuen Entwicklungsschritte seines Babys eingehen kann. Mit ersten Instrumenten, Fingermärchen, Kuckuckliedern und lustigen Kniereitern fördert man das Körpergefühl, das Sprach-verständnis und das musikalische Gehör. Auch für kleine Wehweh-chen finden sich hier tröstende Kinderlieder.

Kleinkinder ab etwa einem Jahr beginnen zu laufen, können sich schon mitteilen und ihre Wünsche und Abneigungen deutlich zei-gen. Ihren Bewegungsdrang können Sie mit kleinen Tänzen unter-stützen. Mit den Wickelliedern und Badewannenreimen des Kapi-tels „Von morgens bis abends" kommen Sie besser durch den Tag und begleiten Ihr Kind mit beruhigenden Abendliedern in den Schlaf. Hilfreiche Tipps, wie Sie in schwierigen Situationen, etwa bei Bauchschmerzen oder abendlichen Schreiattacken reagieren kön-nen, finden Sie hier ebenso wie Ideen, um mit einfachen Mitteln eine Fingerpuppe oder ein Schellenband zu basteln.

Einige Lieder und Reime gefallen Ihnen besonders gut? Wunderbar, denn wenn Sie zum Beispiel das Lied „Das Sternlein" immer vor dem Zubettbringen singen, entwickeln Sie ein kleines Ritual, das nach einiger Zeit gar nicht mehr aus Ihrem Tagesablauf wegzudenken ist. Für Ihr Kind ist es das Signal: „Aha, Mama singt das Lied vom Stern-lein, dann geht es jetzt ins Bett." Und Rituale sind wahre Wunder-mittel, um den Kindern Sicherheit und Vertrauen zu schenken.

Ein Fingermärchen, das Ihnen und Ihrem Baby besonders gut gefällt, kann es durch die ganze Kindheit begleiten. Solange es noch sehr klein ist, werden Sie es ihm vorspielen. Es wird versuchen, Ihre Finger zu greifen. Nach seinem ersten Geburtstag versucht es irgendwann, mit den eigenen Fingern mitzuspielen. Dann holen Sie vielleicht die Trommel heraus und spielen den Reim auf der Trommel mit. Wenn noch ein paar Monate vergangen sind, wird Ihr Kind unbändig stolz sein, dass ihm der Wechsel vom Trommeln zum Klatschen an der richtigen Stelle gelungen ist. Ein scheinbar schlichtes Fingerspiel schenkt also einem Kind in verschiedenen Altersstufen ganz unterschiedliche Erfolgserlebnisse. Ihr zu einem Kleinkind herangewachsenes Baby singt gerne mit, und wenn es selbst laufen kann, tanzt es voller Freude dazu.

DAS BABY IST DA

Der Alltag mit einem Baby oder Kleinkind lässt Müttern und Vätern oft wenig Zeit, um sich in aller Ruhe mit ihm zu beschäftigen. Zwischen Wickeln, Stillen oder Füttern muss eingekauft, die Wäsche gemacht und noch der eine oder andere Schreibtischkram erledigt werden. Eltern stehen vor neuen, ungewohnten Anforderungen und wollen alles richtig machen. Es braucht Zeit, bis man den Säugling liebevoll und ohne Hektik versorgen und entspannt mit ihm spielen kann. Gelassenheit und mehr Sicherheit stellen sich erst nach einer Zeit der Gewöhnung ein.

Alles durcheinander

Der kleine Familienzuwachs bringt zunächst einmal das ganze Leben durcheinander. Auch wenn man nach ein paar Monaten einen halbwegs geregelten Tagesablauf geschaffen hat, so lässt sich doch wenig planen. An einem Tag hat das Baby vielleicht Bauchschmerzen und schreit bis tief in die Nacht und möchte herumgetragen werden. Ein andermal ist es ganz aufgedreht und mag nicht einschlafen. Und am nächsten Tag ist es wieder ein fröhlicher Sonnenschein, dessen Lachen für die anstrengenden Nachtstunden entschädigt. Mangelnder Schlaf und ein angegriffenes Nervenkostüm sind typisch für die ersten Monate mit einem Baby. Wo soll man da noch Zeit und Geduld hernehmen, um mit dem Baby zu singen und zu spielen?

Glücksmomente genießen

Doch es gibt diese Lücken. Kleine Momente im ausgefüllten Alltag, die man zum Schmusen, Singen und Spielen nutzen kann. Sei es beim Wickeln, beim Füttern, beim Zubettbringen, beim Autofahren oder im Wartezimmer.

Aber womit soll man diese Momente füllen? Dafür bieten sich kurze Fingerspiele, Reime und Kinderlieder an, wie sie in diesem Band zusammengestellt sind. Die Texte sind nicht lang, prägen sich gut ein und die Melodien sind häufig bekannt.

Probieren Sie es mal mit diesem kurzen Kitzelreim:

♫ MONDGESICHT

Punkt, Punkt, Komma, Strich,
ich male mir ein Mondgesicht.
Der Mond ist rund,
der Mond ist rund.
Er hat zwei Augen,
Nas' und Mund.

Nehmen Sie die kleine Hand in Ihre Hand und streichen Sie mehrfach darüber, damit sich die Finger entspannen. Dann malen Sie mit Ihrer anderen Hand ein Gesicht in die kleine Hand. Am Schluss tippen Sie sanft auf Augen, Nase und Mund Ihres Babys.

Eine Viertelstunde nur für uns

Das Gefühl kennt jede Mutter und jeder Vater – man liegt abends im Bett, lässt den Tag vor seinem geistigen Auge vorbeiziehen und spürt die Enttäuschung darüber, dass sich keine ruhige Minute zum Spielen gefunden hat. Besonders in Familien mit mehreren Kindern ist der Tag ganz damit ausgefüllt, all das, was sein muss, „auf die Reihe zu kriegen". Der Haushalt muss erledigt werden, nachmittags brauchen die älteren Geschwister Unterstützung bei den Hausaufgaben, man spielt Taxi für die Kinder und abends müssen alle rechtzeitig ins Bett bugsiert werden.

Wenn man derart im Hamsterrad rennt, wird sich der passende Moment für ein Fingerspiel oder einen Kniereiter nicht plötzlich einfach so ergeben. Und hat man überraschend etwas Luft, dann ist man froh um diese kleine Pause und möchte sie nicht gleich wieder mit neuem Programm füllen. Was also tun? Freie Zeit einplanen! Auch wenn es wie ein Widerspruch klingt: Reservieren Sie eine Viertelstunde nur zum Spielen. Das hört sich wenig an. Aber 15 Minuten, in denen es nur „du und ich" gibt und die ganz dem Spiel gehören, sind viel Zeit.

Suchen Sie sich ein Lied oder einen Reim aus und beginnen Sie die Spielzeit immer damit. Das ist für Ihr Baby das Signal: Spielzeit! Vielleicht werden es nur zehn Minuten, vielleicht aber auch mehr, das hängt ganz davon ab, wie viel Spaß Sie beide heute dabei haben. Spielen Sie ohne Ehrgeiz. Ein andermal bleibt das Kind vielleicht länger dabei. Entscheidend ist nicht die Dauer des Spielens, sondern der besondere Moment von Nähe und Geborgenheit.

So eine Spielzeit braucht keine große Vorbereitung. Vielleicht liegt Ihr Baby gerade auf der Krabbeldecke – dann setzen Sie sich einfach dazu. Oder Sie machen es sich gemeinsam auf dem Sofa bequem und das Kleine liegt an Ihre Oberschenkel gelehnt auf Ihrem Bauch. So haben Sie beide Arme frei und können die Hände erzählen lassen. Bei dem folgenden Märchen ist eine Hand der flatternde Spatz oben am Himmel, die andere Hand die lauernde Katze am Boden. Der Spatz fliegt umher und landet auf dem Bauch oder dem Köpfchen Ihres Kindes und kitzelt es fröhlich.

Babys lieben das Handmärchen vom frechen Spatz, der sie am Schluss kitzelt:

♫ GEFLOGEN KOMMT EIN SPATZ

Geflogen kommt ein Spatz,
geschlichen kommt die Katz.
Schon hebt sie an zum Springen,
will's Spätzlein gleich verschlingen!
Da ist in hohem Bogen
der Spatz davongeflogen.
Er setzt sich auf ein Haus
und lacht die Katze aus.
Hihi, hihi, hi!

Spielen und nicht überfordern

Bei Kindern im ersten Lebensjahr wird aus der Viertelstunde allmählich mehr, weil sie im Laufe der Zeit längere Wachphasen haben und sich besser auf eine Sache konzentrieren können. Die Konzentrationsfähigkeit ist etwas, das Kinder lernen müssen: an etwas dran bleiben, noch mal und noch mal probieren, etwas fertig machen. Wer das nicht kann, hat spätestens in der Schule zu kämpfen. Eltern können diese Fähigkeit beim Kleinkind fördern, indem sie es ermutigen, den Turm aus Bauklötzchen nochmals aufzubauen oder erneut zu probieren, ob es die Trommel laut und leise spielen kann, oder ob es zum Fingerspiel mit dem Zeigefinger wackeln kann. Auch hier gilt: Fördern Sie ohne eigenen Ehrgeiz und erkennen Sie die momentanen Grenzen Ihres Kindes an. Wenn es ihm keinen Spaß mehr macht, spielen Sie ein anderes Mal miteinander weiter.

Beim folgenden Lied ist Konzentration gefragt. Kleinkinder mögen gerne längere und abwechslungsreichere Lieder. Immer wieder einen anderen Körperteil zu bewegen ist für ein Kleinkind ganz schön schwierig, fordert sie aber heraus. Solche Herausforderungen schulen das Zusammenspiel von Finger, Arm, Fuß usw. und lehren ein gutes Gefühl für den eigenen Körper.

WIR SPIELEN, WIR SPIELEN UND FANGEN LUSTIG AN

Wir spielen, wir spielen und fangen lustig an.
Und wenn der Daumen nicht mehr kann,
dann kommt der Zeigefinger dran.

Wir spielen, wir spielen und fangen lustig an.
Und wenn der Zeigefinger nicht mehr kann,
dann kommt der Mittelfinger dran.
(weiterspielen mit Ringfinger,
kleinem Finger, Faust, Ellbogen, Füßchen)

Und wenn die Hand dann nicht mehr kann,
dann kommt zum Schluss der Kopf noch dran.
Wir spielen, wir spielen und fangen lustig an.
Und wenn das Köpfchen nicht mehr kann,
dann ist das Kind mit Schlafen dran.
Wir schlafen, wir schlafen, wir schlafen alle ein.

Dieses Lied kann man gut spielen, wenn Kind und Erwachsener auf dem Boden nebeneinander sitzen. So kann das Kleinkind gut nachmachen, was Mama oder Papa vormachen, ohne alles spiegelverkehrt zu sehen. Zunächst tippen die einzelnen Finger auf den Boden, dann trommelt die Faust, dann tippt der Ellbogen, dann trommelt der Fuß, dann nickt der Kopf und schließlich legt man den Kopf zum Schlafen auf die gefalteten Hände.

Als Mutter oder Vater wissen Sie selbst am besten, zu welcher Tageszeit Ihr Kind wach und aufnahmefähig ist. Und auch während des Spiels müssen Sie beurteilen, ob Ihr Kind noch Spaß hat oder ermüdet und unkonzentriert ist. Das Lied „Wir spielen, wir spielen" kann man beliebig ausbauen oder auch abkürzen, je nachdem, ob Ihr Kind noch spielen mag.

Auf jeden Fall sorgen Momente, in denen Sie sich ganz intensiv mit dem Kind beschäftigen, dafür, dass Sie sich abends im Bett sagen können: „Zwischen all dem Alltagskram haben wir zwei viel Spaß miteinander gehabt!"

Vielleicht schreiben Sie sich in den Kalender „Spielzeit zwischen 9 und 10 einplanen" oder heften einen Klebezettel an den Kühlschrank. Klingt absurd? Ist es aber nicht, denn Essens- und Schlafenszeiten versuchen Sie ja auch einzuhalten. Da ist es nur logisch, auch Zeiten für die Förderung der seelischen und geistigen Entwicklung Ihres Kindes einzuplanen.

KANN MAN MIT BABYS SPIELEN?

Uns Menschen ist etwas sehr Praktisches angeboren: Sobald wir ein Baby vor uns haben, sprechen wir mit höherer Stimme und geraten in eine Art Singsang. Wir nicken übertrieben mit dem Kopf, strahlen das Kind mit breitem Lachen an und ziehen die Augenbrauen hoch. All das tun wir ganz automatisch und fesseln damit die Aufmerksamkeit des Babys.

Spaß miteinander

Genau das machen wir auch ohne viel Nachdenken, wenn wir mit dem Kind einen Fingerreim spielen oder es beim Kniereitervers auf den Beinen hopsen lassen. Beständig versuchen wir den Augenkontakt zu halten und signalisieren mit den hochgezogenen Augenbrauen und weit aufgerissenen Augen: Ich bin jetzt ganz für dich da, ich spiele nur mit dir und wir zwei haben eine Menge Spaß! Gibt es am Ende des Kniereiters einen „Sturz", dann zögern wir das „Plumpsen" mit Spannung hinaus und erfreuen uns an unserem Kind, das vor lauter Vorfreude strahlt und quietscht.

Das Gleiche passiert auch, wenn wir auf der Wickelkommode einen Kitzelreim spielen. Wenn das Kind den Spruch einige Male gehört hat und dabei gekitzelt wurde, ahnt es schon bald, wann die Kitzelei und Schmuserei kommen, und freut sich unbändig.

Zusammen Quatsch machen

Die zehn Monate alte Mia sitzt im Hochstuhl und lässt immer wieder den Löffel auf den Boden fallen. Sie amüsiert sich köstlich darüber, wenn Mama übertrieben theatralisch aufstöhnt und im Spaß mit dem Zeigefinger droht. Mia lernt hierbei etwas über Ursache und Wirkung – wenn ich den Löffel hinunterwerfe, klirrt es am Boden und Mama hebt ihn wieder auf. Diese neue Erfahrung wird im Gehirn eng mit der Freude darüber gekoppelt, dass Mama dabei so viel Quatsch macht. Das merkt sich Mia besonders gut. Denn, das zeigen die Ergebnisse der neuesten Lernforschung, was mit positiven Gefühlen gelernt wird, merkt man sich leicht.

Da wir uns also gar nicht vornehmen müssen, übertriebene Grimassen zu machen oder dramatisch mit den Armen zu rudern – das machen wir von ganz alleine –, unterstützen wir die Entwicklung unseres Kindes, ohne uns dafür anzustrengen, denn uns macht es ja auch Spaß. Je mehr Freude Sie als Mutter oder Vater daran haben, den Reim durch leises Sprechen, das langsam lauter wird, spannend zu erzählen oder langsam zu beginnen und dann schneller zu werden oder Ihre Stimme immer höher werden zu lassen, umso gefesselter wird Ihr Kind Ihnen lauschen. Und umso mehr Freude werden Sie gemeinsam an einem ansonsten anstrengenden Tag miteinander haben.

Ist es nicht noch zu klein?

Ab wann hat ein Baby etwas davon, dass man mit ihm spielt? Viele Eltern fragen sich das und rätseln, was ihr Kleines mit drei oder vier Monaten schon versteht. Schließlich sind die Möglichkeiten des Babys begrenzt, um uns Erwachsenen mitzuteilen, ob es ihm Spaß macht, wenn die Mutter das Lied von den Sonnenkäfern singt und dabei mit ihren Fingern von den Beinchen bis zu den Ärmchen hinaufkrabbelt. Aber es kann lächeln, wunderbar lächeln. So wunderbar, dass wir Erwachsenen diesem Lächeln nicht widerstehen können. Wir müssen einfach zurücklächeln. Und solange das Kind lächelt, geht es ihm gut und ihm gefällt, was geschieht.

Es macht bei Fingerspielen oder Kniereitern die Erfahrung, dass Berührungen fest oder sanft sein können, Bewegungen schnell oder langsam, Geräusche laut oder leise, Stimmen hoch oder tief. Und zwar ohne Schrecken in der sicheren Nähe von Vater oder Mutter.

Irgendwann im dritten oder vierten Monat entdeckt das Baby seine Finger und spielt versunken damit. Dann ist es bereit für die ersten kurzen Fingerspiele, zum Beispiel „Der ist in den Brunnen gefallen".

♫ DER IST IN DEN BRUNNEN GEFALLEN

Der ist in den Brunnen gefallen,
der hat ihn wieder rausgeholt,
der hat ihn ins Bett gelegt,
der hat ihn schön zugedeckt,
und der kleine Schelm da,
der hat ihn wieder aufgeweckt.
Na, so was!

Nehmen Sie behutsam eine Hand Ihres Babys und beginnen Sie den Reim, indem Sie den Daumen der kleinen Hand mit Ihrem Daumen und Zeigefinger halten oder darauf tippen. Dann folgen die anderen Finger bis zum kleinen Finger. Das ist der „kleine Schelm". Bei „Na, so was!" klopfen Sie sich übertrieben entsetzt auf die Schenkel.

Da Babys die Finger nicht ausgestreckt halten, können Sie das Ausstrecken der Finger bei diesem Reim unterstützen, wenn Sie vom Handballen ausgehend sanft bis zu den Fingerspitzen streichen.

Kleinkinder werden versuchen, mit den Fingern der einen Hand die einzelnen Finger der anderen Hand zu greifen, während Sie den Reim aufsagen. Das ist eine wunderbare spielerische Übung für die Koordination von Hand und Auge. Und Sie werden sehen: Es kommt der Tag, da wird Ihr Kind Sie mit einem entrüsteten „Na, so was!" überraschen.

Hand-Auge-Koordination

Paul ist frisch gewickelt, satt und zufrieden. Er liegt auf der Krabbeldecke und untersucht seine Finger. Hat er sie vor Kurzem oft in den Mund gesteckt und mit der Zunge betastet, führt er nun mit vier Monaten die Hände vor sein Gesicht, öffnet die Finger, bewegt sie langsam und betrachtet sie unentwegt. Manchmal bringt er auch beide Händchen über sich zusammen, betastet sie gegenseitig und faltet sie ineinander. Pauls Kinderarzt würde sagen, er hat die wichtige Entwicklung von der Hand-Mund-Koordination über die Hand-Auge-Koordination zur Hand-Hand-Koordination durchgemacht und ist nun bereit, einen weiteren Entwicklungsschritt zu machen, nämlich das Greifen zu lernen.

Sprachverständnis fördern

Fingermärchen beeinflussen auch das Sprechenlernen. Da im Gehirn der Bereich der Sprache und der Bereich der Fingerfertigkeit eng beieinander liegen, geben sie sich gegenseitig neue Impulse und beeinflussen sich positiv. Probieren Sie den Kitzelvers von der „Biene Sabine" mit Ihrem Kind aus. Die einfachen Bewegungen mit den Fingern kann ein Kleinkind schon bald mit seiner Hand spielen, nachdem Sie es einige Male mit der kleinen Kinderhand vorgemacht haben. Lassen Sie Ihre Hand die schwirrende Biene sein, bevor sie in der Hand des Kindes landet, dem Blütenblatt. Dort kitzeln Sie mit den Fingern die Handinnenseite.

♫ BIENE SABINE

Die Biene Sabine fliegt durch die Luft.
Bsss, bsss, bsss, bsssss.
Sie setzt sich auf ein Blütenblatt,
isst sich am guten Honig satt.
Schmatz, schmatz, schmatz.

Im Walzertakt

Singt man dem Säugling ein Wiegenlied vor – das Baby liegt sicher und geborgen in den Armen, es hat innigen Blickkontakt mit dem Erwachsenen –, dann wird es das genießen, unabhängig vom Alter. Selbst Kinder, die schon in den Kindergarten gehen, lieben solche Augenblicke, in denen Mama oder Papa ganz für sie da sind. Auch

Erwachsene profitieren von solchen Pausen im Alltag. Für kurze Zeit steht das Leben drum herum still und es gibt nur „dich und mich".

Wiegenlieder sind meist Gutenachtlieder, die man vor dem Zubettgehen singt. Jedoch gibt es viele Kinderlieder, die im Walzertakt geschrieben sind und sich wunderbar eignen, um das Baby tagsüber dazu hin und her zu „wiegen". Eines davon ist das alte Volkslied „Es war eine Mutter". Der Dreivierteltakt, den wir als Walzertakt kennen, wirkt harmonisierend und entspannend. Sich mit einem lieben Menschen dazu zu wiegen, schüttet eine Menge Glückshormone aus, die nicht nur das Kind, sondern auch gestresste Eltern gut gebrauchen können.

ES WAR EINE MUTTER

Es war eine Mutter,
die hatte vier Kinder:
den Frühling, den Sommer,
den Herbst und den Winter.

Der Frühling bringt Blumen,
der Sommer den Klee,
der Herbst bringt die Trauben,
der Winter den Schnee.

Das Klatschen, das Klatschen,
das muss man verstehen.
Da muss man sich dreimal
im Kreise rumdrehen.

Gehirnentwicklung und Konzentrationsfähigkeit

Etwa ab dem vierten Lebensmonat verändert sich die Wahrnehmungsfähigkeit des Babys grundlegend. Es zeigt vermehrt Interesse für das, was um es herum geschieht. Es wirkt wacher. Wenn ihm etwas gefällt, kann es das mit Lachen oder gurrenden und säuselnden Tönen zum Ausdruck bringen. Die meisten Babys schreien dann auch weniger und sind mehr an ihrer Umwelt interessiert. Der Grund dafür ist, dass sich das Gehirn des Babys weiterentwickelt hat. Weitere Bereiche des Gehirns sind jetzt funktionstüchtig. Das Baby ist nun in der Lage, Informationen besser zu sortieren.

Sich dem Baby anpassen

Grundsätzlich gilt: Je jünger das Kind, desto kürzer sollten das Lied oder der Reim sein. Die Konzentrationsfähigkeit ist bei Babys begrenzt und sie ermüden rasch. Aber Neugeborene und wenige Monate alte Babys können noch nicht aktiv wegschauen, sondern bleiben gewissermaßen mit ihrem Blick an einem Gesicht kleben. Erst wenn Babys vier oder fünf Monate alt sind, können sie zeigen, dass sie genug haben und nicht mehr spielen wollen. Sie drehen den Kopf weg und scheinen ins Leere zu blicken oder sie werden unruhig und verziehen das Gesicht so, dass man ihr Unwohlsein geradezu darin lesen kann. Klare Zeichen, abzubrechen und ein anderes Mal weiterzuspielen. Offensichtlich braucht das Kind dann etwas anderes. Vielleicht etwas zu trinken, eine frische Windel oder schlichtweg ein Schläfchen. Das herauszufinden ist allerdings eine der größten Herausforderungen im Alltag mit einem Baby, den Mütter und Väter aber mit jedem Tag besser meistern. Hier hilft die eigene Erfahrung weiter und oft auch der Austausch mit anderen Eltern.

Wache Babys fördern

Seien Sie also nicht enttäuscht, wenn Sie mit großem Elan einen Kitzelvers mit Ihrem Kind spielen, das Kleine aber in diesem Moment gar keinen Sinn dafür hat. Babys leben nur im Moment, und wenn sich genau jetzt der Hunger meldet, dann ist alles andere uninteressant. Da kann der Kitzelvers noch so lustig sein. Sind die Grundbedürfnisse gestillt und das Baby ausgeschlafen, wird Ihr Spiel gewiss mit begeistertem Gurren und Säuseln kommentiert.

Es lohnt sich, die wachen, aufmerksamen und zufriedenen Phasen zu nutzen, um mit dem Kind zu spielen und zu singen. Damit wird es vielseitig gefördert, weil ganz viele Sinne angesprochen werden. Dadurch wiederum entstehen im Babygehirn viele neue Nervenverbindungen, was nichts anderes bedeutet, als dass das Baby lernt.

Dies ist ein kurzer Fingerspaß für zwischendurch:

SCHNICK UND SCHNACK

Zwei Zappelmänner aus dem Sack!
Der eine heißt Schnick,
der andere heißt Schnack.
Schnick hat 'ne Mütze
und Schnack hat 'nen Hut,
und alle beide verstehen sich gut.

Zu Beginn verstecken Sie Ihre Daumen in den Fäusten. Dann kommt der Daumen „Schnick" heraus, dann der Daumen „Schnack". Sie wackeln fröhlich mit Mütze und Hut, also den Daumen, und am Ende umarmen sich beide.

Im Schlaf lernen

Schläft das Baby wieder selig, werden all die neuen Eindrücke im Gehirn sortiert, in bestimmte Schubladen gesteckt und neu mit anderen Erfahrungen und Gefühlen verbunden. Neugeborene und Babys müssen ganz viel lernen und deswegen müssen sie auch ganz viel schlafen. Im Schlaf wird all das Erlebte verarbeitet. Über die Nervenleitungen im Gehirn werden die Erfahrungen in bestimmte Bereiche des Gehirns, vor allem in die Großhirnrinde, weitergeleitet. Waren bei der Geburt nur wenige Hirnbereiche aktiv, so werden im Laufe der ersten Monate durch Impulse, also Erfahrungen, immer mehr Teile des Babygehirns miteinander verdrahtet.

SPASS BEIM WICKELN

Über Leons Wickeltisch hängt ein Mobile mit bunten Fischen. Leon kann mit sich mit seinen vier Monaten noch nicht fortbewegen, aber er strampelt vor Freude mit Armen und Beinen, wenn sich die Fische im Luftzug drehen. Kleine Babys sind fasziniert, wenn sich vor ihren Augen etwas bewegt. Unentwegt blicken sie auf das, was sich da in ihrem Blickfeld abspielt. Sie lieben es, wenn Mutter oder Vater die Hände vor ihren Augen tanzen lassen und dazu eine fröhliche Melodie singen, etwa das folgende Lied.

DAS FÄHNLEIN AUF DEM TURME

Wie das Fähnlein auf dem Turme
sich kann dreh'n bei Wind und Sturme,
so sollen sich deine Händchen dreh'n,
dass es eine Lust ist, anzuseh'n.

Ihre Hände sind die Fähnchen. Drehen Sie die nach oben ausgestreckten Hände vor den Augen des Babys hin und her, aber nur so schnell, dass das Kind mit den Augen folgen kann. Wenn Ihr Baby den Kopf wegdreht, ist es wahrscheinlich müde. Dann spielen Sie einfach ein anderes Mal mit ihm weiter.

Vom Rücken auf den Bauch

Als Leons Mutter einige Wochen später wieder einmal das Lied vom Fähnchen auf dem Turme singt, liegt er ohne Windel auf der Wickelkommode und strahlt sie an. Doch plötzlich dreht er sich auf den Bauch und wäre fast hinuntergefallen. Seine Mutter hat einen ordentlichen Schreck bekommen. Im Alter von fünf bis sieben Monaten schaffen es Babys, sich vom Rücken auf den Bauch zu drehen – zum ersten Mal können sie sich aus eigenem Antrieb fortbewegen. Leons Mutter spielt auch nach diesem Schreck gerne mit Leon auf der Wickelkommode, beherzigt aber den Rat einer erfahrenen Kinderkrankenschwester: „Immer eine Hand am Kind!"

♫ ERST KOMMT DIE SONNENKÄFERMAMA

Erst kommt die Sonnenkäfermama,
dann kommt der Sonnenkäferpapa.
Und hintendrein, ganz klitzeklein,
die Sonnenkäferkinderlein.
Und hintendrein, ganz klitzeklein,
die Sonnenkäferkinderlein.

Sie haben rote Röcklein an
mit ganz vielen schwarzen Punkten dran.
Sie machen ihren Sonntagsgang
auf unsrer Gartenbank entlang.
Sie machen ihren Sonntagsgang
auf unsrer Gartenbank entlang.

Halten Sie einen Arm oder ein Bein Ihres Babys gestreckt und krabbeln Sie mit den Fingern der anderen Hand daran hinauf. Bei der zweiten Strophe nehmen Sie den anderen Arm oder das andere Bein. Oder Sie krabbeln auf dem ganzen Körper herum.

Aus rotem Filz lässt sich ganz einfach ein kleiner Marienkäfer basteln, den man auf den Zeigefinger aufstecken kann. Die Form wird zweimal ausgeschnitten und am Rand so zusammengeklebt, dass man noch einen Erwachsenenfinger hineinstecken kann. Mit einem schwarzen Filzstift werden die Punkte und ein Gesicht aufgemalt.

Sicher hat Ihr Baby auch großen Spaß daran, selbst mit dem Käfer über Mamas oder Papas Arm zu krabbeln, während Sie das Lied von den Sonnenkäfern singen.

Morgenritual

Wenn Sie Ihr Baby gerade ausgezogen haben und es auf der Wickelkommode liegt, vielleicht von der Heizlampe wohlig gewärmt wird, können Sie das folgende Kitzelspiel ausprobieren. Es fördert das Gefühl für den eigenen Körper. Die sanften Berührungen tragen zum Wohlbefinden bei. Ihr Kind wird es lieben und es kann zu einem wunderbaren Gutenmorgenritual werden. Auch schon ein kleines Baby erkennt den Anfangsvers schnell wieder und gluckst vor Freude, wenn Sie es am Bauch kitzeln. Spielen Sie auch mit Ihrer Stimme. Je mehr Spannung Sie in die kleine Erzählung hineinbringen, umso mehr Spaß wird Ihr Baby haben.

🎵 KRIECHT 'NE SCHNECKE

Kriecht 'ne Schnecke,
kriecht 'ne Schnecke,
steil bergauf,
steil bergauf.
Vorne wieder runter,
vorne wieder runter,
kitzelt dich am Bauch,
kitzelt dich am Bauch.

Es ist ein einfaches und kurzes Lied und deswegen auch schon für ganz kleine Erdenbürger geeignet. Es wird auf die Noten von „Bruder Jakob" („Frère Jacques") gesungen. Diese eingängige Melodie und die zarten Berührungen entspannen das Kind. Singen Sie es beim Wickeln, in der Badewanne oder beim Kinderarzt, wenn Ihr Kind (und vielleicht auch Sie) angespannt auf die Impfung warten.

Beginnen Sie am unteren Rücken mit einer Hand den Rücken hinaufzukrabbeln, über die Schulter, und „vorne wieder runter", bis Sie Ihr Kind am Bauch kitzeln können. Schon bald wird es erwartungsfroh quieken, wenn Sie das Lied zu singen beginnen, denn es wartet auf das Kitzeln. Wenn es etwas älter ist, wird es lachend versuchen, den Bauch mit den Händen zu bedecken.

MASSAGELIEDER GEGEN BAUCHWEH

Reime und Lieder begleiten wunderbar eine sanfte Babymassage. Säuglinge, die regelmäßig massiert werden, entwickeln sich gut und schlafen häufig besser. Auch kleine „Turnübungen" stimulieren die Sinne. Sollte Ihr Kind unter Koliken leiden – wie die meisten seiner Altersgenossen –, lohnt der Versuch, mit dem Lied „Große Uhren machen ticktack" den Darm in Schwung zu bringen. Manchmal lösen diese Bewegungen die Krämpfe auf und bringen Erleichterung. Auf jeden Fall lenken Sie damit vorübergehend von den Bauchschmerzen ab.

Hilfe bei Blähungen

Sie können die Bewegungen genau dosieren, abhängig davon, ob die Schaukelei dem Kleinen schon zu wild wird oder noch nicht wild genug ist. Dadurch, dass Sie ständigen Blickkontakt halten, können Sie genau auf die Bedürfnisse des Kindes eingehen.

Das Baby liegt auf dem Rücken und Sie halten es an den Unterarmen. Schwingen Sie behutsam hin und her. Erst langsam und im Fortgang des Liedes immer schneller. Für das „bimbam" der Kirchturmuhr nehmen Sie die Beine an den Knöcheln und bewegen sie vor und zurück, bei „brrrrr" kitzeln Sie Ihren kleinen Liebling so richtig durch.

♬ GROSSE UHREN GEHEN TICKTACK

Große Uhren gehen ticktack, ticktack, ticktack.
Kleine Uhren gehen ticketacke, ticketacke, ticketacke
und die kleinen Taschenuhren gehen
ticketacke, ticketacke, ticketacke, ticketacke.
Und die Kirchturmuhr schlägt
bimbam, bimbam, bimbam.
Und der Wecker scheppert brrrrr.

Oder Sie setzen sich mit ausgestreckten Beinen auf den Boden und legen das Kind auf Ihre Beine, den Kopf in Ihre Füße gebettet, sodass Sie sich ansehen können. Wenn Sie an einem Sonntagmorgen noch ein wenig im Bett liegen bleiben und Ihr Kleines mit Ihnen kuschelt, ist das Uhrenlied ein wunderbarer Wachmacher.

Bauchmassage mit Öl

Wenn ein Säugling heftige Bauchschmerzen hat, kann eine Ganzkörpermassage helfen und ablenken. Doch manchmal sind die Krämpfe zu beherrschend, sodass das Kind schlichtweg keine Geduld für eine ausgedehnte Massage des ganzen Körpers hat. Versuchen Sie es einmal mit einer Bauchmassage. Mit kreisenden Bewegungen über dem Bauchnabel beginnend streicheln Sie immer größere Kreise. Gegen Blähungen hat es sich bewährt, die Hand im Uhrzeigersinn zu bewegen und dabei einen leichten Druck auszuüben. So kommt der Darm in Schwung und lästige Luftblasen entweichen. Die Wirkung lässt sich noch mit Massageölen verstärken: Kümmelöl zum Beispiel ist ein bewährtes Mittel gegen Blähungen und wirkt krampflösend,

Lavendelöl hat eine beruhigende und eine ebenfalls krampflösende Wirkung. Für Babys geeignete Öle erhält man in Apotheken.

Probieren Sie die Bauchmassage auch aus, wenn Ihr Kind zunächst weiterschreit: Die körperliche Nähe, das Gefühl von Geborgenheit, die Streicheleinheiten, der Geruch des Öls, der leichte Druck auf den Bauch, die Stimme der Mutter oder des Vaters – all das zusammen tut dem Kind gut. Erwarten Sie keine Wunder. Blähungen gehen nun mal nicht schnell vorbei, sondern brauchen ihre Zeit. Aber mit Ihrer Hilfe fühlt sich das Kind geborgen und ist dem Schmerz nicht alleine ausgeliefert. Meist geht das gequälte Schreien in ein leiseres Wimmern über und ebbt dann ganz ab. Wenn Sie jedoch den Eindruck haben, dass die Streicheleinheiten auch nach einigen Minuten noch nicht gut ankommen, versuchen Sie es mit Herumtragen in „Bäuerchen"-Haltung. Manchmal hilft ein Wechsel vom Liegen zum Tragen oder umgekehrt.

Der Vers vom „Suppe rühren" eignet sich gut zur Begleitung einer Bauchmassage.

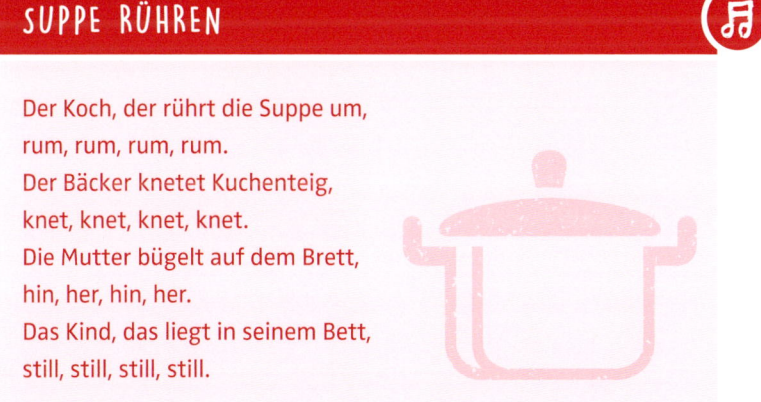

SUPPE RÜHREN

Der Koch, der rührt die Suppe um,
rum, rum, rum, rum.
Der Bäcker knetet Kuchenteig,
knet, knet, knet, knet.
Die Mutter bügelt auf dem Brett,
hin, her, hin, her.
Das Kind, das liegt in seinem Bett,
still, still, still, still.

Um Bauchweh zu vertreiben, streicht man mit einer Hand in kreisenden Bewegungen um den Bauchnabel, gibt dann beim „Kneten" ein wenig Druck mit dem Handballen dazu. Dann streichelt man noch einmal sanft nach links und rechts aus. Beenden Sie die Massage damit, Ihre Hand auf den Bauch zu legen – „das Kind, das liegt in seinem Bett" – und lassen Sie die Hand dort einige Sekunden ruhen. Das wird seine entspannende Wirkung nicht verfehlen.

Oder drehen Sie das Baby auf den Bauch und rühren und kneten Sie auf dem Rücken. Streichen Sie mit beiden Händen auf dem Rücken des Kindes hin und her, sodass es leicht hin und her rollt. Dann mehrmals von den Schultern rechts und links der Wirbelsäule hinunter bis zum Po streichen. Am Ende ruhen die Hände oberhalb der Pobacken. In jedem Fall sollten Sie den Vers langsam sprechen und kleine Pausen einlegen. So strahlen Sie Ruhe und Geborgenheit aus.

Armschaukel

Von Bauchweh geplagte Säuglinge empfinden häufig die Armschaukel als Erleichterung. Dazu legt man das Baby bäuchlings auf die eigenen Unterarme, wiegt es leicht hin und her und trägt es herum. Begleitet von einem lustigen Vers, bei dem man das Kind mal ruhiger und mal wilder schaukeln kann, wird es (zumindest vorübergehend) vom Bauchweh abgelenkt.

Bei der Armschaukel sollte man darauf achten, dass man das Kind immer an einem Oberarm greift und festhält, damit es nicht hinunterfallen kann. So kann man auch zu „Huschwusch bläst der Wind", einem lebendigen Reim, temperamentvoll spielen.

HUSCHWUSCH BLÄST DER WIND

Huschwusch bläst der Wind,
er spielt mit dem Kind.
Huschwusch bläst der Wind,
er spielt mit den Haaren.
Huschwusch bläst der Wind,
wirft um mein Kind!

JEDE FAMILIE BRAUCHT RITUALE

Mit der Zeit werden Sie und Ihr Kind Lieblingsverse und Lieblingslieder haben – und das ist gut so. Das sind dann Ihre ganz persönlichen kleinen Glücksmomente im Alltag. Ihrem Kind geben Sie damit Halt und Orientierung. Familienrituale sind für Kinder ungemein wichtig, weil sie verlässliche Fixpunkte sind. Für kleine Erdenbürger, die jeden Tag neue Erfahrungen machen, ist die Umwelt unübersichtlich und chaotisch. Auf Gewohnheiten hingegen ist Verlass. Sie geben das Gefühl: „Hier bin ich sicher. Hier passt jemand auf mich auf. Hier weiß jemand, was mir guttut."

Rituale bilden einen sicheren Rahmen. Sie strukturieren den Tag auf angenehme Weise, auch für Mutter und Vater, denn niemand möchte sich jeden Tag neu überlegen müssen, wann was geschehen soll. So gibt es Rituale, die helfen, Essens- und Schlafzeiten einzuhalten. Dann gibt es aber noch Rituale, die besonders schöne Momente bieten, wie etwa ein morgendlicher Kitzelreim oder ein kurzer Vers vor dem gemeinsamen Mittagessen. Natürlich muss es auch Überraschungen geben, zum Beispiel statt Mittagessen am Tisch ein Picknick auf der Decke in der Sonne. Und manchmal entwickeln sich aus Überraschungen neue Rituale, die es nur hin und wieder gibt – weil ein Picknick in der Sonne Riesenspaß macht! Welche Rituale man in sein Familienleben auch einbaut, sicher ist, dass man damit einen Erinnerungsschatz für später schafft. Davon zehren die Kinder ihr Leben lang und geben sicher das eine oder andere an ihre eigenen Kinder weiter.

Schon wieder dasselbe Lied

Kinder lieben Rituale. Sie möchten immer wieder die gleichen Sing-spiele machen, die gleichen Kniereiter hopsen, die gleichen Finger-märchen hören und spüren. Sie werden ihnen nie langweilig – im Gegenteil, denn gerade das Wiedererkennen macht ihnen Freude. Sie wissen schon, was als nächstes kommt, sie lieben das „Plumps" bei „Hoppe, hoppe, Reiter" und warten den ganzen Reim lang sehn-süchtig auf diesen Moment.

Kleine Kinder leben im Jetzt. Es gelten nur die Gefühle des Augen-blicks. Deswegen machen ihnen solche Lieder so einen großen Spaß.

HOPPE, HOPPE, REITER

Hoppe, hoppe, Reiter,
wenn er fällt, dann schreit er.
Fällt er in den Graben,
fressen ihn die Raben.
Fällt er in die Hecken,
kitzeln ihn die Schnecken.
Fällt er in das grüne Gras,
macht er sich die Hosen nass.
Fällt er in den Sumpf,
dann macht der Reiter – plumps!

Nehmen Sie das Kind auf den Schoß und halten Sie sich an den Händen. So haben Sie immer Blickkontakt. Dazu kann man ent-weder mit beiden Beinen gleichzeitig federn oder abwechselnd mit dem linken und dem rechten Knie zuerst langsam und dann immer schneller wippen. Dabei steigert sich die Spannung immer weiter bis zum heiß ersehnten „Plumps".

Bekanntes merken, Neues lernen

Vielleicht denken Sie hin und wieder: „Ach nein, nicht schon wieder ‚Hoppe, hoppe, Reiter'!" Sehen Sie es positiv: Dass Ihr Kind einen bestimmten Kniereitervers ins Herz geschlossen hat, zeigt nur, dass es wieder etwas gelernt hat. Es hat sich nämlich gemerkt, was im Verlauf des Kniereiters passiert und dass es am Ende lustig hinunterplumpst.

Wählen Sie dennoch von Zeit zu Zeit einen neuen Vers oder ein schon länger nicht mehr gesungenes Lied aus, um den Erfahrungsschatz Ihres Kindes zu erweitern und ihm neue Dinge anzubieten. So wird es ganz nebenbei neue Melodien, Rhythmen und Wörter kennenlernen.

BABYS MIT GUTENACHTLIEDERN BERUHIGEN

Oft sind die Abendstunden die anstrengendsten Stunden des ganzen Tages. Die Eltern sind erschöpft und würden sich am liebsten einfach nur ausruhen. Und das Baby ist auch erschöpft. Es hat am Tage wieder viele Eindrücke gesammelt: Neues gesehen, gehört, gerochen, gespürt und Neues ausprobiert. Es ist an manchen Dingen gescheitert, manche sind ihm gelungen, sodass ein ausgefüllter Tag hinter ihm liegt. Manchmal ist es dann so überreizt, dass es nur noch schreit und sich gar nicht beruhigen kann. Das wiederum zerrt an den Nerven der Eltern, deren Geduld auch an ihre Grenzen kommt.

Babys haben eine innere Uhr

Solche Abende gibt es – und sie lassen sich auch nicht ganz vermeiden. Man kann aber versuchen, diesem abendlichen Stress entgegenzuwirken und so die allermeisten Abende ruhig ausklingen zu lassen. Das setzt voraus, dass man sich in einem gewissen Maß dem Tagesrhythmus des Babys anpasst. Solange es noch ein Vormittagsschläfchen und einen Mittagsschlaf braucht, tut man sich selbst damit einen Gefallen, wenn man diese Ruhezeiten in den Tag einplant. Im zweiten Lebensjahr schlafen die Kleinen meist nur noch am Nachmittag ein bis zwei Stunden und am Vormittag nicht mehr. Wenn man versucht, diese Schlafzeiten am Tag möglichst immer zu den gleichen Uhrzeiten einzuhalten, wird man damit belohnt, dass die Kinder zum einen leicht einschlafen und zum anderen ausgeglichener durch den Tag kommen. Sie entwickeln nämlich schon früh eine Art innere Uhr.

Abends „runterkommen"

Diese innere Uhr spielt natürlich auch abends eine große Rolle. Wenn Sie Ihr Baby meistens gegen 19 Uhr ins Bett bringen, dann versuchen Sie, davor genügend Zeit einzuplanen, um es in Ruhe zu stillen oder zu füttern, ohne Hektik zu wickeln und umzuziehen und ein Gutenachtlied zu singen. Solch ein Ritual wird Ihrem Kind von Tag zu Tag mehr helfen, abends abzuschalten und in den Schlaf zu finden.

Kinder, die regelmäßig etwa zur selben Uhrzeit zu Bett gebracht werden, finden leichter in den Schlaf als solche, die mal um 18.30 Uhr und mal um 20 Uhr in ihr Bett gelegt werden. Es ist vollkommen klar, dass es an manchen Tagen einfach nicht wie geplant funktioniert, weil man vielleicht einen Besuch bei Freunden gemacht hat oder dringend noch etwas einkaufen musste. Damit kommen Kinder zurecht und man muss sich deswegen bestimmt keine Vorwürfe machen oder aus der Ruhe bringen lassen. Ganz abgesehen davon gibt es außerdem Entwicklungsphasen, in denen Babys abends besonders viel schreien. Das ist häufig mit drei oder vier Monaten der Fall. Da kann man die Kleinen nur herumtragen oder in einer Wiege schaukeln, beruhigend mit ihnen reden oder ihnen etwas vorsingen und daran denken, dass auch so ein nervenraubender Abend irgendwann vorübergeht.

Ein wunderbares Schlaflied, um das Kind (und sich selbst) zu beruhigen, ist das alte Lied „Abendstille überall".

ABENDSTILLE ÜBERALL

Abendstille überall,
nur am Bach die Nachtigall
singt ihre Weise klagend und leise
durch das Tal.

Diese schöne Melodie kann man singen oder einfach nur summen. Sie eignet sich wunderbar, um das Kind dabei langsam hin und her zu wiegen. Es ist eigentlich ein Kanon und kann deswegen wie eine „Endlosschleife" immer weiter gesummt werden.

Übrigens: Säuglinge brauchen zum Schlafen keineswegs absolute Stille. Die Eltern müssen abends nicht auf Zehenspitzen herumschleichen, sich mit ihrem Partner nur noch im Flüsterton unterhalten und das Telefon auf lautlos schalten. Im Gegenteil: Die Stimmen von Mutter und Vater oder das Brummen der Spülmaschine oder des Staubsaugers nebenan geben dem Kind die Gewissheit, dass es nicht alleine ist. Bekannte Geräusche vermitteln ein Gefühl von Sicherheit und Geborgenheit.

Der Stern sagt: „Schlafenszeit"

Je aufregender der Tag war, desto schwerer fällt es, abends zur Ruhe zu kommen. Das geht Erwachsenen schließlich genauso. Um die Aufmerksamkeit des unruhigen Kindes auf etwas anderes zu lenken, kann man auch einen Stern basteln, der nur vor dem Zubettgehen herausgeholt wird.

Der Stern ist eine kleine Fingerpuppe, die Sie sich auf den Zeigefinger stecken. Schneiden Sie aus gelbem Filz oder Stoff zwei gleich große Sterne aus und nähen Sie diese zusammen. Nur eine Öffnung für den Finger sollte bleiben. Wenn Sie mögen, malen Sie dem Sternlein noch ein freundliches Gesicht auf. Während Sie das Abendlied singen, bewegen Sie den Stern im Takt hin und her.

♫ **DAS STERNLEIN**

Sieh nur, wer da zu uns kommt,
gradewegs vom Himmelsrund.
Ist das Sternlein, das stets wacht
und dir schöne Träume macht.

Nur noch ins Bett

An manchen Abenden ist es den Kindern zu viel, getragen zu werden, und sie entspannen am besten in ihrer Wiege oder ihrem Bettchen. Setzen Sie sich daneben, streicheln Sie das müde Kind sanft und singen Sie ein Gutenachtlied. Je regelmäßiger Sie den Tag mit demselben Lied abschließen, umso leichter wird es Ihrem Kind fallen, in den Schlaf zu finden. Die meisten Wiegenlieder haben eine einfache, aber sehr schöne Melodie. Sie prägen sich gut ein, sind leicht zu singen und haben schon viele Generationen in den Schlaf begleitet.

Gut behütet

Viele Abendlieder sind aus dem christlichen Glauben entstanden, dass Gott stets über die Menschen wacht. Wenn Ihnen die Vorstellung eines schützenden Gottes vertraut ist, sagen Ihnen wahrscheinlich die folgenden Gutenachtlieder zu. Schon vor 400 Jahren sangen die Mütter „Nun schlaf, mein liebes Kindelein" an der Wiege ihres Kindes. Zu der einfachen auf- und absteigenden Melodie wiegt man das Kind ganz automatisch hin und her.

Viele Menschen glauben an Schutzengel. Engel, diese weißen geflügelten Gestalten, die ihre Hand über alle, vor allem aber über die Kinder, halten, sind der Inbegriff des Guten. So verwundert es nicht, dass sie auch in Abendliedern eine große Rolle spielen.

♫ NUN SCHLAF, MEIN LIEBES KINDELEIN

Nun schlaf, mein liebes Kindelein
und tu dein Äuglein zu,
denn Gott, der will dein Vater sein,
drum schlaf in guter Ruh,
drum schlaf in guter Ruh.

Er sendet dir die Engelein
zu Hütern Tag und Nacht,
dass sie bei deiner Wiege sei'n
und halten gute Wacht,
und halten gute Wacht.

Ein eigenes Abendritual finden

Welche Rituale Sie in Ihrer Familie für die Abendzeit etablieren, entscheiden Sie ganz allein. Wichtig ist, dass Sie sich für einen bestimmten Ablauf entscheiden. Also etwa nach dem Abendbrei oder dem Stillen wickeln, dabei ausgiebig kuscheln, den Schlafanzug und eventuell den Schlafsack anziehen und dann behutsam ins Bett legen. Das ist der richtige Moment, um ein Wiegen- oder ein Gutenachtlied zu singen. Ihr Baby wird Sie aufmerksam dabei betrachten. Idealerweise sagen Sie danach immer die gleichen Worte, bevor Sie aus dem Raum gehen, zum Beispiel „Gute Nacht, mein Liebling. Ich bin da. Ich passe auf dich auf. Schlaf schön!" Solch ein Ritual wird Ihrem Baby helfen, nach und nach selbst in den Schlaf zu finden, weil es am Abend auf das Zubettgehen vorbereitet wurde.

LA–LE–LU

La-le-lu,
nur der Mann im Mond schaut zu,
wenn die kleinen Babys schlafen,
drum schlaf' auch du!

La-le-lu,
vor dem Bettchen steh'n zwei Schuh'
und die sind genauso müde,
geh'n jetzt zur Ruh'.

Dann kommt auch der Sandmann,
leis' tritt er ins Haus,
sucht aus seinen Träumen
dir den schönsten aus.

La-le-lu
nur der Mann im Mond schaut zu,
wenn die kleinen Babys schlafen,
drum schlaf' auch du!

Das Abendlied „La-le-lu" hat eine beruhigende, fließende und zugleich fröhliche Melodie. Manch einer erinnert sich vielleicht an den Filmklassiker „Wenn der Vater mit dem Sohne", in dem Heinz Rühmann das Lied seinem „Lausejungen" vorsingt und dazu Xylofon spielt.

Beruhigende Farben

An manchen Tagen – das kennen alle Eltern – sind Babys einfach „über den Punkt", das heißt, sie sind eigentlich sehr, sehr müde und schreien nur noch. Da schafft man es kaum, das wütende Bündel zu wickeln und ihm den Schlafanzug anzuziehen. Je nach Stimmung beruhigt es sich beim Stillen oder wenn es umher getragen wird. Es kann aber auch sein, dass selbst dieser Körperkontakt an diesem Abend zu viel ist. Da ist es einen Versuch wert, das Kind ins Bett zu legen und seine Aufmerksamkeit auf etwas ganz anderes zu lenken. Das kann zum Beispiel gelingen, indem man ein kleines farbiges Chiffontuch über dem Bett schwingt und dazu ein ruhiges Gutenachtlied singt oder auch einfach summt. Wählen Sie für das Tuch einen beruhigenden Farbton, etwa blau, rosa oder violett.

♬ DER SANDMANN IST DA

Der Sandmann ist da,
der Sandmann ist da,
er hat so schönen weißen Sand
und ist im ganzen Land bekannt,
der Sandmann ist da.

Blau, Violett und Rosa sind übrigens auch schöne Farben, um einen Himmel über der Wiege oder dem Bettchen zu gestalten. Durch diese Farben dringt ein sanftes, abgedämpftes Licht. Wählt man als Stoff Seide oder Chiffon, den man in zwei oder drei Farbtönen in Bahnen über eine Stange an der Zimmerdecke drapiert, schafft man eine beruhigende Stimmung.

Wiegen und schaukeln

In vielen Familien schläft das Baby in den ersten Monaten in einer Wiege. In manchen dieser Bettstätten kann es sanft geschaukelt werden, andere sind auf Rollen hin und her zu bewegen. Der große Vorteil ist, dass man das Kind in der Wiege innerhalb der Wohnung überall dorthin mitnehmen kann, wo man sich gerade aufhält. Außerdem kann man es damit prima in den Schlaf schaukeln. Wie immer, am besten begleitet von einem Schlaflied, zum Beispiel „Der Sandmann ist da".

SPIELLIEDER FÜR DEN TAG

Rituale sind auch tagsüber wahre Wundermittel im Leben mit Kindern. Sie sind wie Bojen auf wilder See, an denen man sich festhalten kann. Der Tag ist die wilde See, und je mehr Bojen Sie als Erwachsene aufstellen, desto geborgener und sicherer fühlt sich das Kind. Suchen Sie sich ein oder zwei Reime aus, die Ihnen gefallen, und spielen Sie diese häufig mit Ihrem Kind. Morgens auf der Wickelkommode oder nachmittags nach dem Mittagsschlaf kann man besonders gut Kitzelverse wie „Kriecht 'ne Schnecke" (siehe Kapitel „Spaß beim Wickeln") spielen.

Mitten am Tag ein kurzes Fingerspiel, das ist zusammen lachen und Spaß haben. Besonders ein Quatschreim wie „Nasenwackeln" begeistert schon die Kleinen.

♬ NASENWACKELN

Schau, da kommt der Teddybär,
wackelt hin und wackelt her.
Mach's doch wie der Teddybär:
Nasenwackeln ist nicht schwer!

Zu diesem kleinen Reim kann man ganz verschieden spielen. Zum Beispiel tippt man abwechselnd auf die eigene und auf die Babynase. Oder man bastelt einen kleinen Teddybären: Dazu schneidet man aus braunem Karton einen Bären aus, in der Mitte benötigt man ein rundes Loch für den Zeigefinger. Dann malt man dem Teddy zwei Augen und einen Mund und wackelt mit dem Zeigefinger.

Wilde Reisen

Oder machen Sie am Morgen gemeinsam einen kleinen Ausflug. Der Reim erzählt von einer abenteuerlichen Schiffsreise. Bringen Sie Spannung in die Erzählung, etwa durch leises Sprechen, das allmählich lauter wird. Oder Sie beginnen langsam und werden dann schneller oder Ihre Stimmlage wird stetig höher.

FÄHRT EIN SCHIFFLEIN

Fährt ein Schifflein auf dem Meer,
schaukelt hin und schaukelt her.
Kippt nach links und kippt nach rechts,
Kindchen, halt dich nur gut fest!
Bläst ein starker, starker Wind,
fall' nicht runter, liebes Kind!
Kommt ein großer Sturm daher,
fällt die/der (Name des Kindes) in das Meer – platsch!

Ein kleines Baby halten Sie am besten mit beiden Händen vor sich und betten das Köpfchen dabei in die Hand. So kann man die Schaukelbewegungen gut kontrollieren und hat die Reaktion des Kindes im Blick. Schaut es erschreckt, sollte man langsamer und weniger stark hin und her schaukeln. Je älter das Kind ist, umso mehr Spaß wird es an stärkeren Schaukelbewegungen haben und umso gespannter auf das Umfallen warten.

Beim Spiel mit Babys, die schon alleine den Kopf halten können, bietet sich eine andere Spielvariante an. Legen Sie Ihr Kind bäuchlings auf Ihre Unterschenkel und halten Sie es gut an den Händen fest. Dann lassen Sie sich auf den Rücken rollen und ziehen die Beine gebeugt an: Ihr Kind liegt auf Ihren Knien und Unterschenkeln und schaut Sie an. Nun kann die Schaukelei auf dem Meer losgehen. Und wenn am Ende das Schifflein umfällt, können Sie Ihr Kind mit einem lauten „Huuuiiii" auf Ihre Brust gleiten lassen.

Auch einen Kniereiter wie „So reiten die Herren" kann man einfach mal zwischendurch spielen. Gerade von diesem Vers kriegen die kleinen Rabauken nie genug und haben noch im Kindergartenalter einen Riesenspaß dabei.

Setzen Sie Ihr Kind auf den Schoß oder – wenn Sie auf dem Boden sitzen – auf die Oberschenkel und reiten Sie los. Erst langsam, wie ein vornehmer Herr. Als „Dame" können Sie Ihre Beine etwas höher anziehen, wie ein eleganter Damensitz auf dem Pferd. Sprechen Sie das „Tirip tiptip" mit hoher Stimme und gespitzten Lippen. Der Bauer schaukelt wild vom linken aufs rechte Bein und hat eine tiefe Brummstimme. Dann kommen die wilden Husaren, die mit hohem Tempo reiten und am Schluss vom Pferd fallen – „klabum"!

SO REITEN DIE HERREN

So reiten die Herren, so reiten die Herren,
tarap taptap, tarap taptap, tarap taptap,
    tarap taptap.
So fahren die Damen, so fahren die Damen,
tirip tiptip, tirip tiptip, tirip tiptip,
    tirip tiptip.
So juckelt der Bauer, so juckelt der Bauer,
purum pumpum, purum pumpum, purum pumpum,
    purum pumpum.
So reiten die Husaren, so reiten die Husaren,
klabaster, klabaster, klabum!

Mutter und Kind oder Vater und Kind können sich auch gemeinsam auf eine Flugreise begeben: „Ich und du, wir reisen heute" ist ein Reim, der die Fantasie des Kindes anregt und viel Spaß macht, denn dabei wird man so richtig herumgewirbelt. Der Besuch bei Oma und Opa ist für die meisten Kinder ein fester Bestandteil ihres Lebens. Häufig sind die Großeltern für ein kleines Kind nach den Eltern und Geschwistern die wichtigsten Bezugspersonen, die in sein junges Leben treten. Diese Erfahrung nimmt der erzählte Reim auf.

Die Reise fängt ganz langsam an. Halten Sie das Kind gut im Arm und gehen Sie mit großen festen Schritten zunächst langsam durch das Zimmer. Schaukeln Sie ruhig bei jedem Wort übertrieben auf die Seite und beschleunigen Sie nach und nach Ihre Schritte. Bei „Hoch hinauf geht's mit Gebrumm" können Sie das Kind über Ihren Kopf halten und dann nach links und rechts drehen – ein begeistertes Jauchzen ist Ihnen sicher! Oder, das empfiehlt sich vor allem mit kleineren Babys, Sie behalten es auf dem Arm und drehen sich, wie der Zeppelin, auf der Stelle. Blicken Sie dann theatralisch nach unten. Nun können Sie gemeinsam der „Großmama" winken, denn Sie sind beide glücklich angekommen.

♫ ICH UND DU, WIR REISEN HEUTE

Ich und du, wir reisen heute
geradeso wie große Leute.
Fliegen mit dem Zeppelin
zu Opa und zu Oma hin.
Hoch hinauf geht's mit Gebrumm,
der Zeppelin, er dreht sich rum.
Drunten winkt die Großmama:
Juhu, jetzt sind wir endlich da!

Den Zeppelinreim kann man schon mit wenige Monate alten Babys spielen, allerdings sollte man dann den Kopf mit einer Hand festhalten und sich nicht ganz so heftig drehen. Ältere Kinder hingegen finden wilde Spiele meistens toll und quietschen vor Vergnügen.

Wie heißt du?

Im Alter von ungefähr sechs Monaten haben Babys einen großen Entwicklungssprung gemacht. Sie können nämlich ihren Namen erkennen, wenn er gesprochen oder gerufen wird. Selbst in einem langen Satz, so wie im folgenden Kitzelreim vom Mäuslein, merken sie interessiert auf, wenn sie ihren Namen hören. Hanna ist gerade ein halbes Jahr alt, als sie versteht, wovon der Vater spricht: „Mama macht dir ein Fläschchen." Sie schaut dorthin, wo die Mutter in der Küche steht. Hanna kann nun zwischen Namen und Personen eine Verbindung herstellen. Und wenn in einem Reim ihr Name vorkommt, freut sie sich darüber, dass sie ihn wiedererkannt hat.

DA KRABBELT DAS MÄUSLEIN

Da krabbelt das Mäuslein das Beinchen hinauf.
Da krabbelt das Mäuslein das Bäuchlein hinauf.
Da krabbelt das Mäuslein das Hälslein hinauf.
Lingelingeling, ist denn die/der (Name des Kindes) zu Haus?

Lassen Sie Ihre Finger nach und nach hinaufkrabbeln und ziehen Sie dann sanft am Ohr des Kindes – wie an einer altmodischen Haustürglocke.

Viel Spaß macht auch dieser kurze Kitzelvers, von dem die Kinder nie genug bekommen.

DA KOMMT EIN BÄR

Da kommt ein Bär, er tappt daher
und fragt wo wohl mein/e (Name des Kindes) wär'.

Zusammen tanzen

Die Lieblings-Playlist schallt durch die ganze Wohnung. Ohne nach-zudenken klopft man mit der Fußspitze den Takt mit oder tanzt sogar dazu. Warum nicht einfach das Baby auf den Arm nehmen und mit ihm tanzen? Ältere Babys und Kleinkinder können ihren Kopf schon gut selbst halten und genießen es, herumgeschwungen zu werden und von links nach rechts zu wackeln, bei den ganz Klei-nen stützt man den Kopf mit der Hand. Je ausgelassener Mutter oder Vater tanzen, umso mehr wird das Kind vor Vergnügen jauch-zen und lachen. Die kleinen Augen werden strahlen.

Um gemeinsam zu tanzen, ist es am besten, das Baby Brust an Brust auf den Arm zu nehmen. So kann man immer Blickkontakt halten und sehen, ob es dem Kind noch Spaß macht. Oder man setzt es auf den eigenen Unterarm, sodass Rücken und Köpfchen am eigenen Oberkörper abgestützt sind. Dann hat es freie Sicht in den Raum. Für die folgende Karussellfahrt kann man es auch mit der Brust auf einen Unterarm legen und mit einer Hand am Oberarm festhalten. Mit der anderen Hand fasst man durch die Beine und stützt das Kind an seinem Bauch. So fliegt es mit dem Karussell.

DAS KARUSSELL

Auf der grünen Wiese
steht ein Karussell.
Manchmal fährt es langsam,
manchmal fährt es schnell.
Einsteigen, Türe schließen, festhalten,
und los geht's!
Dum dideldum dideldum dideldum,
das Karussell fährt rum.

Schon kleine Babys erspüren beim Tanzen auf dem Arm den Rhythmus des Liedes und genießen die Bewegungen. Tanzen kann man zu jeder Art von Musik, Hauptsache, man hat Spaß daran. Das können die neuesten Charts aus dem Radio sein, ein Walzer von einer Klassik-CD oder Spiellieder für Kinder. Auch die CD-Aufnahme des Spiellieds „Klein-Mäuschen ging spazieren" ist hervorragend dafür geeignet. Wenn Sie das Lied selbst singen, können Sie noch einige Bewegungen und Geräusche wie im Beispiel beschrieben, einbauen, die das Kind schon kennt: klopfen, auf einen Klingelknopf drücken, klatschen, mit den Füßen stampfen. Schon bald wird es wissen, an welcher Stelle im Lied geklopft oder geklatscht wird, auch wenn es motorisch noch nicht in der Lage ist, die Bewegungen selbst zu machen. Nach einigen Monaten, wenn es dann selbst stehen und laufen kann, können Sie das Spiellied gegenüberstehend tanzen und umeinander herum hüpfen. Mit kleinen Säuglingen tanzt man natürlich noch nicht so wild. Doch das Schaukeln zu einer Melodie empfinden schon wenige Wochen alte Babys als ausgesprochen entspannend. Und nach und nach kann man das eine oder andere Stampfen oder Klopfen einbauen.

KLEIN–MÄUSCHEN GING SPAZIEREN

Klein-Mäuschen ging spazieren,
spazieren ganz allein.
Da kam es an ein Häuschen,
wer mag wohl drinnen sein?
Klopf, klopf – toc, toc,
ring, ring – lingelingeling.
Klopf, klopf – toc, toc,
ring, ring – lingelingeling.

Heraus da kam das Käuzchen
und lud das Mäuschen ein.
Da tanzten sie ein Tänzchen,
wie lustig kann das sein!
Tap, tap – klapp, klapp,
didum, didum, didum.
Tap, tap – klapp, klapp,
didum, didum, didum.

„Spazieren" Sie zunächst durch den Raum. Bei „klopf, klopf" bleiben Sie stehen und imitieren das Klopfen mit den Handknöcheln an der Tür, bei „toc, toc" klopfen Sie mit der Faust an die Tür. Bei „ring, ring" drücken Sie einen vorgestellten Klingelknopf, bei „lingelingeling" ziehen Sie an einer Türglocke. Zu Beginn der zweiten Strophe verbeugen Sie sich vor dem Käuzchen und drehen sich dann tanzend im Kreis. Bei „tap, tap" bleiben Sie wieder stehen und stampfen mit jedem Fuß einmal auf, bei „klapp, klapp" klatschen Sie Ihrem Kind in die Hände. Zu „didum" tanzen Sie wieder fröhlich herum.

BRÜDERCHEN, KOMM, TANZ MIT MIR

Brüderchen, komm tanz mit mir,
beide Hände reich' ich dir.
Einmal hin, einmal her,
rundherum, das ist nicht schwer.

Mit den Händchen klipp, klipp, klapp,
mit den Füßchen tripp, tripp, trapp!
Einmal hin, einmal her,
rundherum, das ist nicht schwer.

Mit dem Köpfchen nick, nick, nick,
mit den Fingerchen tick, tick, tick!
Einmal hin, einmal her,
rundherum, das ist nicht schwer.

Eines der beliebtesten Kinderlieder ist „Brüderchen, komm, tanz mit mir", das aus der Oper „Hänsel und Gretel" von Engelbert Humperdinck stammt. Zu dieser fröhlichen, schwungvollen Melodie kann man das Baby auf den Arm nehmen und ihm – wie einem Tanzpartner – eine Hand „reichen". So schwingt man hin und her und dreht sich im Kreis. Anstatt die Hände gegeneinander zu klatschen – das können erst ältere Kinder –, tippt man „klipp, klipp, klapp" auf eine Hand und stampft „tripp, tripp, trapp" fest auf den Boden, sodass das Baby auf dem Arm die Schwingung spürt. Nachdem man bei der dritten Strophe dreimal genickt hat, tippt man mit dem Finger dreimal auf Babys Finger und schwingt wieder hin und her.

Fingermärchen

Mitten am Tag mit den Händen eine kleine Geschichte einbauen, ein Märchen erzählen, kommt bei den Kleinen immer gut an. Fasziniert lauschen Sie der Stimme und blicken staunend auf die tanzenden Finger. Zwei Finger, das sind zwei Zwerge – das ist doch klar!

Formen Sie mit den Händen über Ihrem Kopf eine Spitze wie die eines Berges. Die zwei zankenden Zwerge stellen Sie mit eingehakten Zeigefingern dar, die Sie hin- und herziehen. Den Kartoffelkloß zeichnen Sie als großen Kreis in die Luft. Dann folgen wieder die zwei zankenden Zeigefinger und am Schluss der große Kreis.

 DER KARTOFFELKLOSS

Da droben auf dem Berge,
da ist der Teufel los!
Da zanken sich zwei Zwerge
um ein'n Kartoffelkloß.
Der eine wollt ihn haben,
der and're ließ nicht los.
So zanken sich zwei Zwerge
um ein'n Kartoffelkloß.

Wenn Sie diesen Reim betont sprechen, etwa so, also ob Sie von einer unerhörten Begebenheit erzählen würden, ziehen Sie Ihr Kind damit bestimmt in den Bann. Schon bald wird es versuchen, Ihre Bewegungen nachzuahmen. Dabei lernt es vor allem zwei Dinge: große Bewegungen mit den Armen zu machen und auch kleine schwierige Fingerbewegungen. So trainiert das Kind ganz nebenbei die Grobmotorik, die Feinmotorik und die Koordination der Finger und Arme.

Sie können sich für diesen Reim auch zwei Zwerge basteln. Für einen gelben Zwerg mit blauer Zipfelmütze benötigen Sie zwei gelbe Quadrate (4 x 4 cm) und zwei blaue Dreiecke (4 cm Kantenlänge). Die beiden Quadrate werden an zwei gegenüberliegenden Seiten zusammengeklebt, sodass noch ein Zeigefinger hineinpasst. Die Dreiecke werden als Vor- und Rückseite der Zipfelmütze aufgeklebt und rundum zugeklebt. Dann muss man nur noch einen roten Mund aufmalen und zwei Augen. Man kann auch Wackelaugen zum Aufkleben aus dem Bastelgeschäft verwenden. Wer mag, kann dem Zwerg noch einen Bart aus weißer Watte aufkleben. Dann bastelt man noch eine andere Zwergfingerpuppe aus anderen Farben – fertig sind Himpelchen und Pimpelchen, die Zwerge auf dem Berg, die um den Kartoffelkloß streiten, oder Schnick und Schnack, oder, oder, oder. Bestimmt haben Sie selbst noch eine Mange Ideen.

Himpelchen und Pimpelchen können aber einfach Ihre zwei Zeigefinger sein.

♫ HIMPELCHEN UND PIMPELCHEN

Himpelchen und Pimpelchen
stiegen auf einen hohen Berg.
Himpelchen war ein Heinzelmann
und Pimpelchen ein Zwerg.
Sie blieben lange dort oben sitzen
und wackelten mit ihren Zipfelmützen.
Doch nach 72 Wochen
sind sie in den Berg gekrochen.
Schlafen dort in guter Ruh.
Sei schön still und hör gut zu!
Chrr phhh, chrr phhh, chrr phhh.
Doch plötzlich hört man:
Heissassa, heissassa,
Himpelchen und Pimpelchen sind wieder da.
Heissassa, heissassa,
Himpelchen und Pimpelchen sind wieder da.

Halten Sie die Hände mit ausgestreckten Zeigefingern vor dem Oberkörper und steigen Sie auf einen hohen Berg, also strecken Sie die Arme nach oben. Dort stellen sich die Figuren vor und wackeln, wenn ihr Name genannt wird. Wackeln Sie mit beiden Fingern weiter, während die Freunde mit den „Zipfelmützen" wackeln. Wenn sie in den Berg kriechen, biegen Sie die Zeigefinger ab und formen zwei Fäuste, die Sie aneinander drücken, das ist der Berg. Den können Sie dann sich selbst oder dem Kind an ein Ohr halten – das laute Schnarchen ist nicht zu überhören!

Bei „Heissassa" springen die zwei Zwerge wieder aus dem Berg. Die Zeigefinger werden dabei ausgestreckt und tanzen vor Freude in der Luft. Das können Sie, wenn Ihr Kind den Reim kennengelernt hat, auch das Kind tun lassen: Es kann Ihre Finger in der Faust suchen und sie aufrichten.

Eine schöne und einfache Möglichkeit, den Reim mit einem Musikinstrument zu begleiten, bietet sich mit zwei Rasseln. Schütteln Sie die Rasseln beim Hinaufklettern auf den Berg, beim Wackeln mit den Zipfelmützen und dann ganz kräftig, wenn Himpelchen und Pimpelchen wieder da sind.

DAS TAUBENHAUS

Krukru, krukru, krukru-u, krukru,
krukru, krukru, krukru-u, krukru.
Wir öffnen jetzt das Taubenhaus,
die Täubchen fliegen zum Tor hinaus.
Sie fliegen um die weite Welt,
weil's draußen ihnen gut gefällt.
Dann kehren sie wieder zur süßen Ruh,
wir schließen das Taubenhaus wieder zu.
Krukru, krukru, krukru-u, krukru,
krukru, krukru, krukru-u, krukru.

Babys begeistern sich auch für ausladend erzählte Geschichten. Nicht nur mit den Fingern und Händen, sondern mit dem ganzen Arm kann man etwas erzählen. Da gibt es viel zu gucken, wenn die

Tauben – Ihre rechte ausgestreckte Hand – auf und nieder und im Raum umherfliegen. Die linke Hand bildet ein Häuschen, von dem aus die rechte Hand zu fliegen beginnt, um am Ende des Liedes zurückzukehren und wieder hineinzukriechen.

Die verträumte Melodie kann man auch begleiten, indem man die Arme über der Brust verschränkt und sie dann ausbreitet. Nachdem die Hände fröhlich herumgeflattert sind, kreuzt man wieder die Arme und wippt mit den Fingern „krukru, krukru". Probieren Sie beides aus und beobachten Sie, was Ihrem Kind am besten gefällt. Bleiben Sie dann bei einer Spielweise und nehmen Sie das Lied so in Ihre ganz persönliche Lieblingsliste auf.

LIEDER ZUM TRÖSTEN

Große und kleine Wehwehchen oder „Auas" gehören zum Alltag mit Kleinkindern. Das beginnt mit dem Untersuchen von Schubladen, bei dem man sich leicht einmal die Finger einklemmt. Es folgt die Prozedur des Aufstehens, Hochziehens und Laufenlernens. Das Kind wird jeden Tag mobiler, probiert viel Neues und dabei bleiben kleine Blessuren nicht aus. In der Kindergartenzeit gehört ein Pflaster am Knie sozusagen zur Grundausstattung, denn dann geht es noch etwas wilder zu. Die Kinder erweitern täglich ihren Bewegungsspielraum und testen ihre Kraft und Geschicklichkeit – alleine, miteinander oder auch gegeneinander.

Vor allem bei kleinen Krabbelkindern geht es meist gar nicht so sehr um die „Verletzung", denn diese ist häufig harmlos. Vielmehr geht es darum, über den Frust hinweg getröstet zu werden, dass etwas nicht so richtig geklappt hat und dann auch noch weh tut. Da hilft es, wenn man das Kind auf den Schoß oder auf den Arm nimmt und ein tröstendes Lied singt. Oft genügt das – und schon ist das Kind wieder unterwegs zu neuen Abenteuern.

Rituale mit magischen Worten

Aber auch wenn dem Kind einmal wirklich etwas richtig Schmerzhaftes zugestoßen sein sollte, ist solch ein Tröstelied sehr nützlich. Besonders wenn das Kind das Lied schon kennt, wird es sich damit leichter beruhigen. Es erinnert sich: „Das Lied hat mir schon einmal geholfen, da hat mich Mama auch auf den Schoß genommen, danach ging es mir besser." Machen Sie also ein Ritual daraus. Hat sich das Kind wehgetan, singen Sie ein Tröstelied und wiegen Sie es im Takt.

„Wo tut's dir weh?" passt auf die Melodie von „Schlaf, Kindchen, schlaf", einem beruhigenden Wiegenlied. Das Lied wird seine Wirkung sicher nicht verfehlen. Nach dem Satz „ich schick dir eisgekühlten Wind" pusten Sie auf die Stelle, die schmerzt. Und zum Schluss: einen dicken Kuss!

🎵 WO TUT'S DIR WEH?

Wo tut's dir weh?
Ich bring dir kühlen Schnee,
ich schick dir eisgekühlten Wind,
ja, so vergeht es ganz geschwind.
Schon tut's nicht mehr weh!

Fast jeder kennt aus seiner Kindheit einen Tröstereim, der mit „Heile, heile" beginnt. Dazu gibt es unzählige Variationen. Zwei kurze und einfache Sprüche, die sich ganz leicht einprägen, finden Sie hier.

HEILE, HEILE, SEGEN

Heile, heile, Segen.
Morgen gibt es Regen,
übermorgen Schnee,
und schon tut's nicht mehr weh!

HEILE, HEILE, GÄNSCHEN

Heile, heile, Gänschen,
wackelt mit dem Schwänzchen,
wackelt mit dem Po,
und ist schon wieder froh!

Welchen der Tröstereime oder der Tröstelieder Sie auch zu Ihrem Favoriten machen, behalten Sie ihn bei, denn er wird bei Ihrem Kind eine geradezu magische Wirkung entwickeln: Ihre Stimme und immer die gleichen Wörter sind eine unschlagbare Kombination, um das Kind zu beruhigen und von seinem Schmerz abzulenken. Selbst in ernsten Situationen, wie etwa bei einer Platzwunde, die genäht werden muss, oder einer Untersuchung mit einem beängstigenden Gerät im Krankenhaus, wird solch ein Ritual eine große Hilfe sein, um Angst und Schmerzen zu verdrängen.

Nichts geht über ein Kinderlachen, gerade nach einem tränenreichen kleinen Unglück. Die Tränen wegzuküssen, tröstet ungemein. Schauen Sie dem kleinen Unglücksraben aufmunternd ins Gesicht, küssen Sie die Tränen weg und – es lächelt.

♫ TRÄNEN

Mein Kindchen hat sich wehgetan,
och, schau dir nur mein Kindchen an.
Ich küss' ihm mal die Tränen ab,
ob's dann wohl wieder lachen mag?

DEN KÖRPER KENNENLERNEN

Um den Körper zu beherrschen, muss man ihn erstmal kennenlernen. Deswegen ist es für die Entwicklung eines Kindes sehr wichtig, die einzelnen Körperteile zu erforschen, auszuprobieren, wie man sie bewegen kann, und zu lernen, wie sie heißen. Indem das Kind seinen Körper spürt, sich aktiv bewegt und die Wörter dazu lernt, erhalten Gehirn, Nervensystem und Muskulatur beständig neue Impulse und entwickeln sich weiter. Bewegung und Sprache sind in der Entwicklung des Gehirns eng miteinander verknüpft. Lernt das Kind einen Begriff, zum Beispiel Daumen, das wird es ihn viel gezielter steuern können. Weiß es erst, wo seine Daumen sind, kann es beim folgenden Fingerspiel schon alleine den Anfang machen. Weiß es noch nicht, welches der Daumen ist, dann wird es das mit diesem Vers gut lernen.

DAS IST DER DAUMEN

Das ist der Daumen,
der schüttelt die Pflaumen,
der hebt sie alle auf,
der trägt sie nach Haus.
Und der Kleine da,
der isst sie alle auf.

Berühren Sie nacheinander Daumen, Zeigefinger usw. und vergessen Sie nicht, entrüstet zu schauen, wenn der kleine Finger alle alleine aufisst.

Mit Hilfe der Berührungen an den Fingerspitzen wird der Tastsinn des Babys angeregt. Spielen Sie den Vers mal mit zärtlichen Berührungen, ein andermal, indem Sie jeden Finger fest mit Ihren Fingern anfassen. So lernt das Kind ganz unterschiedliche Empfindungen kennen. Schließlich haben wir Menschen an den Fingerspitzen unzählige Nervenzellen für den Tastsinn.

Es ist wichtig, beide Körperseiten beim Kind zu fördern und somit ein Bewusstsein für zwei Körperseiten zu schaffen. Am Beispiel des obigen Fingerspiels heißt das, erst mit einer Hand und dann auch mit der anderen Hand des Kindes zu spielen. Durch die Berührung an allen zehn Fingern werden die Tastnerven an allen Fingern stimuliert.

♫ MEIN KINDCHEN

Seht nur mal mein Kindchen an
mit den blonden Zottellöckchen,
blaue Augen, rote Bäckchen!
Leutchen, habt ihr auch so eins?
Leutchen, nein, so habt ihr keins!
Kam einmal ein reicher Mann:
Hunderttausend blanke Taler,
alles Gut der Erde zahl' er!
Nein, er kriegt gewiss nicht meins,
kauf' er sich woanders eins!

Auch im Gesicht spüren Babys jede sanfte Berührung. Sie sind ja ohnehin sehr empfänglich für Streicheleinheiten. Da bietet sich der folgende Schmusereim zum Streicheln und Knuddeln an.

Ein Reim wie „Mein Kindchen" oder der folgende Reim „Da ist ein kleiner Hase!" erweitert ganz nebenbei den Wortschatz Ihres Kindes. Es lernt die Namen der Körperteile kennen und entwickelt ein besseres Bewusstsein für seinen Körper. Wenn Sie dann auch noch als Erwachsener alles „verwechseln", haben Sie beide bestimmt viel Freude dabei.

DA IST EIN KLEINER HASE!

Da ist ein kleiner Hase!
Ach nein – deine süße Nase!
Da ist ein kleiner Hund!
Ach nein – dein süßer Mund!
Da ist 'ne kleine Schlange!
Ach nein – deine weiche Wange!
Komm, gib mir die Hand!
Ach – das ist dein Fuß!

Dieser Vers wird eher langsam gesprochen, damit das Kind Zeit hat, die „Irrtümer" der Mutter, des Vaters oder der Großmutter nachzuvollziehen. Bei „Da ist ein kleiner Hase!" tippen Sie behutsam auf die Nase und korrigieren Sie sich. Spielen Sie ein bisschen Theater, übertreiben Sie Ihre Empörung über den „Irrtum" – Ihr Kind wird einen Riesenspaß dabei haben.

Wenn Sie den Mund berühren, zeichnen Sie mit dem Finger die Lippen nach. Streicheln Sie eine eingerollte Schlange auf die Wange, wie ein Kreis, der kleiner wird. Zum Abschluss nehmen Sie den Fuß in Ihre Hand – gerade so, als ob Sie Guten Tag sagen wollten, und sind dann natürlich ganz „entsetzt" darüber, dass Sie nicht die Hand des Kindes zur Begrüßung genommen haben, sondern den Fuß.

Wenn Sie den Vers mit etwas älteren Kleinkindern spielen und diese den Text schon gut kennen, können Sie auch die Kinder die Berührungen an Ihrem Gesicht und Ihren Füßen machen lassen. Probieren Sie es aus, helfen Sie, wenn nötig, aber vermeiden Sie, das Kind dabei zu korrigieren. Es ist schließlich nur ein Spiel. Auch wenn man dabei etwas lernt, geht es nicht um das Endergebnis „Alles richtig gemacht", sondern um den Spaß dabei.

Schokoladenseite

Die überwiegende Mehrheit der erwachsenen Menschen ist Rechtshänder, das heißt sie benutzt bevorzugt die rechte Hand, um zu schreiben, um mit dem Hammer einen Nagel einzuschlagen oder um das Fenster zu öffnen. Bei Säuglingen kann man beobachten, dass sie die rechte und die linke Faust in den Mund stecken und daran saugen. Wenn sie mit vier oder fünf Monaten beginnen zu greifen, benutzen sie dazu beide Hände und packen mit den Handinnenflächen zu. Mit sieben oder acht Monaten nehmen sie mal die rechte oder mal die linke Hand, wenn sie einen Krümel auf dem Teppich entdecken. Dann greifen sie aber schon nicht mehr mit der ganzen Hand, sondern klemmen den Krümel zwischen den eingeknickten Daumen und den Zeigefinger – man spricht vom Scherengriff. Erst im Alter von etwa neun Monaten zeigt sich, ob das Baby ein Rechts- oder ein Linkshänder wird. Während es vom Scherengriff zum sogenannten Pinzettengriff – der Krümel wird zwischen den Fingerkuppen von Daumen und Zeigefinger gefasst – übergeht, entwickelt sich eine Lieblingshand. Bei neun von zehn Kindern ist das die rechte Hand. Das ist die Zeit, in der Ihr Baby jeden noch so kleinen Krümel vom Boden aufhebt. Übrigens nicht, weil es am Krümel interessiert ist, sondern einfach, um Greifen zu „spielen". Dieses „Krümelaufheben" ist ein gutes Beispiel dafür, wie Kinder im Spiel eine neue Fähigkeit ausprobieren und so lange üben, bis sie eine Sache beherrschen. Dann folgt die nächste Entwicklungsstufe.

Das Greifen kann Ihr Kind auch gut mit einem Fingerspiel üben, bei dem Sie etwas in Ihrer Handfläche verstecken. Beim folgenden Reim hält man ein kleines Spielzeug, einen Korken oder ein Schneckenhaus in seiner Faust, öffnet sie kurz und schließt sie am Schluss schnell wieder. Babys freuen sich unbändig, wenn sie schnell genug sind, den „Schneck" zu schnappen.

VERSTECKT!

Wer lacht denn da? Hihi, hihi!
Was macht er da? Hihi, hihi!
Es ist der Schneck in seinem Versteck.
Grad war er da – jetzt ist er weg!

Fingerspiel rückwärts

Haben Sie schon einmal versucht, die Finger in umgekehrter Reihenfolge nacheinander auszustrecken? Das ist gar nicht so einfach, und jeden einzeln auszustrecken, ist fast unmöglich. Beim folgenden Reim wackelt man zwar zu Beginn mit dem Daumen, aber dann beginnt man die Finger vom kleinen Finger aus nacheinander auszustrecken – für Erwachsene ebenfalls eine gute Übung!

Spielen Sie dieses Fingermärchen auch mit den kleinen Kinderfingern. Sie werden sehen, dass Ihr Kind überrascht aufmerkt, wenn Sie nicht wie bei den anderen Fingerspielen vom Daumen bis zum kleinen Finger wandern, sondern die Reihenfolge ändern. Auch wieder eine neue Erfahrung: Das fühlt sich anders an!

♫ DAS DICKE DÄUMCHEN

Wovon ist mein Däumchen so dick?
Der ist einmal in den Wald gegangen,
der hat dort einen Hasen gefangen,
der trug ihn heim mit vieler Müh,
der hat ihn gebraten bis morgens früh,
und dieses Däumchen dick und klein,
das aß das Häschen ganz allein.
Davon ist mein Däumchen so dick!

Flattersäckchen und Schellenband

Ob Säugling, Kleinkind oder Kindergartenkind – alle haben einen Riesenspaß daran, auf dem Arm gehalten und schwungvoll im Kreis gedreht zu werden. Noch mehr Spaß macht es mit Chiffontüchern, die man flattern lässt, oder mit „Flattersäckchen". Die sind ganz einfach zu basteln: Aus einem hübschen Rest Baumwollstoff schneidet man ein Quadrat mit etwa 20 Zentimeter Seitenlänge aus. Dort hinein füllt man eine Handvoll Reis, fasst an den Ecken zusammen und bindet das Säckchen mit einem Bindfaden oder buntem Geschenkband fest zu. Da ein Baby möglicherweise herausfallende Körner vom Boden picken und aufessen würde, ist es wichtig, das Säckchen fest zuzubinden. Dann schneidet man aus farbigen Stoffresten einige etwa ein Meter lange Streifen und knotet sie ebenfalls mit dem Band am Säckchen fest. So ein Flattersäckchen können auch kleine Babys schon gut greifen und festhalten. Jetzt noch diese CD einlegen oder singen, und die bunten Bänder tanzen lustig mit.

Viel Spaß bereitet auch ein „Schellenband". Solch ein Armband mit kleinen Glöckchen daran kann man fertig kaufen oder selbst herstellen. Dazu näht man auf ein breiteres Geschenkband aus Stoff einige kleine Glöckchen aus dem Bastelgeschäft fest, bindet es mit einer Schleife an das Handgelenk oder den Knöchel des Babys und los geht's. Welche Freude, wenn das Kind merkt, dass nicht nur die Bewegungen des Erwachsenen die Glöckchen klingen lassen, sondern es sogar selbst mit dem Schellenband klingeln kann.

SELBST MUSIK MACHEN MIT DER TROMMEL

Aus der Küche kommt ein Höllenlärm. Der elf Monate alte Niklas hat sich einen Kochtopf aus der unteren Küchenschublade geangelt und haut mit dem dazugehörigen Deckel auf den Topf, dass die Fenster klirren. Niklas macht Musik!

Alle Kleinkinder entdecken irgendwann, dass man mit Schüsseln, Töpfen, Löffeln und Deckeln wunderbar laute Geräusche machen kann. Zunächst probieren sie verschiedene Kombinationen aus, finden jedoch bald Gefallen an besonders lauten Tönen. Töne? Sind das wirklich Töne? Und kann Niklas das unterscheiden? Das lässt sich leicht beantworten, wenn man sieht, dass Niklas erst auf den kleinen Kochtopf haut – es entsteht ein heller Ton – und dann auf die Plastikschüssel – das gibt einen dumpfen, tiefen Ton. Er probiert das so lange aus, bis er herausgefunden hat, dass diese zwei „Trommeln" unterschiedlich klingen. Und das wird er sich merken. Er hat demnach gelernt, dass er mit unterschiedlichen Dingen verschiedene Töne produzieren kann. Er ganz alleine. Darauf kann er wirklich stolz sein.

Krach machen

Es ist also ganz einfach, Ihrem Kind die Welt der Töne nahezubringen. Bieten Sie ihm unterschiedlichste „Instrumente", also Dinge zum Krachmachen, an. Vieles dafür findet sich in der Küche. Wenn Sie mögen, richten Sie ihm dort ein eigenes Fach in den unteren Küchenschränken ein. Das schont in gewisser Weise Ihre Nerven, denn nach einiger Übung wird Ihr Kind wissen, dass es dort eine eigene (Musik-)Spielschublade hat – und nicht mehr alle unteren Küchenschränke ausräumen muss.

Oder stellen Sie eine Kiste mit Dingen aus dem Haus zusammen, die eine Beule vertragen können und gut klingen. Ihr Kind wird alles begeistert untersuchen: mit dem Mund, mit den Händen, indem es die Dinge zu Boden fallen lässt, indem es sie auf den Boden haut und indem es die Gegenstände gegeneinanderklopft. Dabei lernt es eine Menge über verschiedene Materialien und über Töne.

Hat Ihr Kind eine Ente oder einen kleinen Holzwagen zum Hinterherziehen? Binden Sie ein Glöckchen an die Schnur und das Hinterherziehen macht noch mehr Spaß.

Laute und leise Töne

Welch eine Freude haben Kinder am Trommeln! Ob das der berühmte Kochtopf ist oder ein umgedrehter Pappkarton. In Ihrem Haushalt findet sich auch bestimmt noch eine ausrangierte Plastikschüssel für die Musikkiste. Sie ist ein hervorragendes „Instrument", um darauf Regengeräusche zu machen. Stellen Sie die umgedrehte Schüssel zwischen sich und Ihr Kind und zeigen Sie ihm, wie man mit einem Finger Klopfgeräusche machen kann. Dazu bietet sich der folgende Vers an. Er beginnt leise und langsam, wird dann lauter und schneller.

♫ REGEN, BLITZ UND DONNER

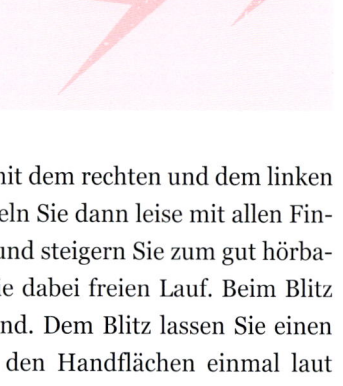

Erst tropft es,
dann nieselt es,
dann regnet es,
dann schüttet es,
dann blitzt's,
dann donnert's –
und dann gehen alle kleinen Leute
mit dem Regenschirm nach Haus!

Klopfen Sie zunächst abwechselnd mit dem rechten und dem linken Zeigefinger auf die Schüssel, trommeln Sie dann leise mit allen Fingern – wie ein feiner Nieselregen – und steigern Sie zum gut hörbaren Regen. Lassen Sie Ihrer Fantasie dabei freien Lauf. Beim Blitz klatschen Sie einmal laut in die Hand. Dem Blitz lassen Sie einen lauten Donnerschlag folgen – mit den Handflächen einmal laut auf die Schüssel schlagen. Schließlich formen Sie mit den Händen einen Regenschirm; der Zeigefinger der linken Hand ist nach oben gestreckt und darüber wölbt sich die andere Hand wie ein Schirm.

Probieren Sie aus, welcher Teil des Textes Ihrem Kind am besten gefällt. Den können Sie dann ausführlicher machen und auch wiederholen. Wenn Blitz und Donner in diesem Vers für Ihr Kind beängstigend wirken, lassen Sie den Teil einfach weg.

Instrumente für kleine Kinderhände

Kinder können mit allem Möglichen Töne erzeugen. Zunächst geht es schlichtweg ums Ausprobieren. Wie klingt es, wenn ich mit dem Topfdeckel auf den Boden schlage? Raschelt es in der Brotdose, wenn ich die Kekse darin schüttele? Wie hört es sich an, wenn ich in die Pappröhre „lalala" singe? Der Haushalt gibt da eine Menge her. Es gibt aber auch speziell für Babys und Kleinkinder entwickelte Musikinstrumente, die schon ganz Kleine mit ihren Händen greifen und festhalten können, etwa besonders kleine Rasseln, Klangstäbe aus Holz oder leichte Glöckchenstäbe. Mit solchen Dingen kann man die Musikkiste nach und nach ergänzen.

Fingerspiele mit der Trommel

Warum sind Fingerspiele so wichtig für die Entwicklung eines Kindes? Stellen wir uns einmal vor, wir würden die gleiche Geschichte vom Regen und den kleinen Leuten ohne die Trommelgeräusche und ohne die Untermalung mit den Händen aufsagen. Vielleicht würde Ihr Kind zu Beginn aufmerksam zuschauen aber wahrscheinlich würde es mittendrin die Lust daran verlieren. Je jünger das Kind, desto weniger Sinn wird es in den Sätzen erkennen, da ihm die Unterstützung fehlt. Diese liefern ihm nämlich die Finger und Hände, die symbolisch darstellen, was das Kind in seiner Lebenswelt in Bruchstücken kennt. Und es ist das „toc, toc, toc" der Finger, das es von den Regentropfen an der Fensterscheibe kennt. Erst das Zusammenspiel von Erzählen, Geräuschen und Finger- und Handbewegungen machen die Sache wirklich interessant, denn so werden viele Sinne angeregt, die Fantasie spielt mit und die Finger sind in diesem Moment für das Kind wirklich kleine Leute mit dem Regenschirm. Aus ein paar Sätzen wird so ein ganzes Fingermärchen.

Fingermärchen sind wie Kasperletheater

Im folgenden Vers etwa kommt ein Jäger vor. Nur wenige Kleinkinder können mit diesem Wort etwas anfangen. Aber wenn vom Jäger dramatisch genug erzählt wird und beim „schoss danach" ein lautes Bum auf der Trommel ertönt, wird der Jäger in diesem Fingermärchen als etwas Gefährliches eingeordnet. Er bedroht offensichtlich die Tauben, denn sie fliegen weg, aber anscheinend geht es ihnen am Ende trotzdem gut, denn „da sitzen sie wieder".

♫ ES SASSEN ZWEI TAUBEN

Es saßen zwei Tauben auf einem Dach.
Da kam ein Jäger und schoss danach. Bum!
Die eine flog weg,
die andere flog weg.
Die eine kam wieder,
die andere kam wieder.
Da sitzen sie wieder.

Beginnen Sie mit beiden Zeigefingern auf der Trommel. Das sind die zwei Tauben, die dort friedlich sitzen. Dann wird es spannend, weil der Jäger naht: Sie trommeln schnell, um die Gefahr darzustellen. Bei „Bum" schlagen Sie mit beiden Handflächen einmal laut auf die Trommel. Daraufhin fliegt erst der eine Zeigefinger in die Luft, dann der andere, und beide kommen nacheinander zurück und setzen sich wieder hin.

So kurz dieses Fingermärchen auch ist, die Anforderungen an das Kind, wenn es selbst mitspielt, sollte man nicht unterschätzen. Am schnellsten wird es sicher jene Stelle meistern, in dem es „Bum" auf die Trommel schlägt. Aber das abwechselnde Heben der rechten und linken Hand ist schwierig und eine gute Übung für die Koordinationsfähigkeit. Der Erwachsene, der das Fingermärchen spricht, kann sich bei diesem Vers sehr gut auf das Tempo des Kindes einstellen. Wenn beide nebeneinander sitzen, können sie gleichzeitig an der Trommel spielen. Nach und nach kennt das Kind die Bewegungen zum jeweiligen Satz, wird schneller werden – und ein schönes Erfolgserlebnis haben.

Wenn draußen so richtig schmuddeliges Regenwetter herrscht, macht das „Tropf"-Lied doppelt Spaß. Klopfen Sie dazu mit dem Zeigefinger bei jedem „tropf" auf die Trommel. Bei „ich und du" zeigen Sie beide aufeinander.

TROPF, TROPF, TROPF

Viele, viele Regentröpfchen,
tropf, tropf, tropf, tropf, tropf, tropf, tropf.
Fallen heute auf mein Köpfchen,
tropf, tropf, tropf, tropf, tropf, tropf, tropf.
Aber meine Mami hat 'nen Regenschirm.
Drunter stehen ich und du
und hör'n dem Regen zu.

Lernen durch Zuschauen

Fingerspiele sind ein gutes Beispiel, um zu zeigen, wie Lernen funktioniert. Babys schauen einfach nur zu. Bei diesem „Nurzuschauen" lernen sie aber schon ungemein viel. Das liegt daran, dass wir Menschen sogenannte Spiegelneuronen besitzen. Das sind Nervenzellen im Gehirn, die alleine durch das Beobachten einer Bewegung, eines Lachens oder eines Gesichtsausdrucks die gleichen Gefühle auslösen, als ob man diese Bewegung, das Lachen oder den Gesichtsausdruck selbst machen würde. Deswegen ist zum Beispiel Gähnen ansteckend. Auch für das Mitgefühl, etwa für den Schmerz, wenn sich unser Kind den Finger in der Schublade einklemmt, sind die Spiegelneuronen verantwortlich. Wir spüren den Schmerz „am eigenen Leib".

Babys und Kleinkinder lernen mit ihren Spiegelneuronen. Sie ahmen die Mutter nach, wenn sie lacht. Sie ahmen den Vater nach, wenn er mit den Händen auf die Trommel schlägt. Das machen Eltern sich übrigens zunutze, wenn sie ihr Baby mit dem Löffel füttern. Mutter oder Vater reißen den Mund weit auf – und das Kind tut das auch!

VORSINGEN IST WICHTIG

Mit dem Singen verhält es sich ähnlich. Singen die Eltern dem Kind vor, wird es auch versuchen, zu singen. Sprechen sie mit ihm, wird es ausprobieren, wie man mit Lippen und Zunge Geräusche machen kann. Jedes Baby versucht Töne hervorzubringen. Hohe und nicht so hohe, laute und leise – und manchmal sehr laute Töne, wenn es unzufrieden ist.

Alle Babys machen dieselben Töne

Lena, vier Monate alt, quiekt vergnügt, gurrt zufrieden und „spricht" mit ihrer Mutter, wenn sie „are, are" macht. Die gleichaltrige Li in Peking gibt die gleichen Laute von sich, obwohl die Eltern eine ganz andere Sprache mit anderen Lauten sprechen. Wie kommt das? In den ersten fünf Lebensmonaten bilden alle Babys auf der Welt die gleichen Laute. Die ersten Laute kommen also aus den Kindern selbst und sind nicht nachgemacht. Das Nachahmen von Tönen beginnt erst mit etwa einem halben Jahr. Aber ab diesem Zeitpunkt saugen die Kinder alles auf, was ihre Eltern ihnen vormachen. Eltern sprechen übrigens automatisch in höheren Tonlagen mit ihrem Baby. Vielfach säuseln und singen sie, wenn sie mit ihren Kindern sprechen, ohne dass sie es absichtlich tun würden. Das hat die Natur so eingerichtet.

Dieses Buch und die beigefügte CD möchten Sie anregen, Ihrem Kind vorzusingen. Möglichst oft, sodass das Singen irgendwann zu jedem Tag gehört. Singen Sie beim Wickeln, beim Kochen, beim Autofahren, beim Einräumen der Spülmaschine und beim Wäscheaufhängen. Das Schöne ist, dass Sie sich gar nicht so viele Kinderlieder merken müssen, denn Babys und Kleinkinder lieben die Wiederholung. Sie freuen sich wie ein Schneekönig, wenn Sie ein Lied wiedererkennen. Aber Vorsicht: Kinder merken auch sofort, wenn Sie das Lied anders singen oder versuchen eine Strophe wegzulassen! Also nicht schummeln!

Kinderlieder sind einfach und schön zugleich

Suchen Sie sich immer mal wieder ein Lied aus, das Ihnen besonders gut gefällt, und singen Sie es laut vor. Wenn Sie dessen überdrüssig sind, wählen Sie ein anderes aus. Mit der Zeit werden Sie ein ordentliches Repertoire an Kinderliedern kennen.

Die Tonfolgen in den meisten Kinderliedern sind eher einfach und prägen sich gut ein. Außerdem ähneln sich die Melodien häufig. Das ist gut, denn so verankern sich im Gehirn des Kindes nach und nach nicht nur einzelne Töne, die sie wiedererkennen, sondern sogar Tonfolgen. Und nicht lange, dann probiert es bestimmt, die eine oder andere Melodie nachzusingen. Was für ein schöner Moment, wenn Sie merken, dass Ihr Kind schon Teile einer Melodie singen kann.

Aber ich kann gar nicht singen

Viele Menschen meinen, sie könnten nicht gut singen. Selten ist das wirklich der Fall. Vielmehr ist es so, dass wir nach dem Verlassen der Schule meist gar keine Gelegenheit mehr hatten, laut zu singen. Nur wenige singen in einem Chor mit. Am ehesten wird noch im Auto gesungen, wenn aus dem Radio ein Hit erklingt. Wer völlig aus der Übung ist und sich scheut, kann auch prima unter der Dusche singen, beim Rad fahren oder beim Putzen. Inzwischen weiß man übrigens, dass Singen nicht nur zum seelischen Gleichgewicht beiträgt, sondern auch die Abwehrkräfte steigert.

Mamas und Papas Stimme

Und die Kinderlieder? Ein Paar, das Nachwuchs bekommt, erinnert sich vielleicht noch an das eine oder andere Lied oder einen Kniereiter, den ihnen Mutter oder Großvater vorgesungen haben. Aber oft kennt man nur noch den Anfang und weiß nicht, wie der Text weitergeht. Wer sich nicht gleich an die Kinderlieder herantraut, für den sind Kinderreime ein guter Einstieg. Sie sind im Allgemeinen kurz und leicht zu merken. Manche werden gesungen, andere nur gesprochen. Und bald hat man vielleicht doch Lust, eines der Lieder zu singen, an deren Melodie man sich noch aus der eigenen Kinderzeit erinnert oder die aus dem CD-Player klingen.

Scheuen Sie sich nicht, Ihrem Kind vorzusingen. Seien Sie versichert: Ihr Kind wird es lieben, denn es liebt Sie und Ihre Stimme. Seien Sie also mutig und machen Sie Ihrem Kind die Freude. Und Sie werden sehen: Auch Ihnen macht das Singen Spaß und verjagt manch schlechte Stimmung.

DIE SPRACH-ENTWICKLUNG FÖRDERN

Schon lange bevor Kinder das erste Wort sagen, haben sich im Gehirn des kleinen Wesens Strukturen gebildet, um Sprache zu verstehen und Sprache zu sprechen. Babys „baden" sozusagen in der Muttersprache. Sie hören den ganzen Tag ihre Eltern, Großeltern, Geschwister oder Betreuer in der Muttersprache reden, sind also ständig von Lauten, Silben und Satzstrukturen umgeben. Diese andauernde Erfahrung ist ungemein wichtig, um selbst sprechen zu lernen. Ein Säugling probiert nach und nach alles Mögliche aus: Gurren, Schreien, laute Töne und leise Töne, hohe und tiefe Töne. Im Alter von sieben oder acht Monaten beginnen die meisten Kinder gezielt einzelne Töne nachzumachen, sie aneinanderzureihen und sogar Silben nachzumachen.

„O" und „A"

Die ersten Vokale, die ein Säugling hervorbringt, sind „O" und „A", oft als „Oh-oh" und „Ah-ah" aneinandergereiht. Nehmen Sie das in Ihrem Spiel mit einfachen und kurzen Reimen und Liedern auf. Besonders geeignet ist etwa „Kommt ein Mäuslein", weil der Vers mit einem langen „O" endet. Ihr Baby kann sehr gut sehen, wie Sie das „O" bilden, denn Sie müssen dazu einen ganz spitzen Mund formen. Es wird versuchen, Ihren Spitzmund nachzumachen.

KOMMT EIN MÄUSLEIN

Kommt ein Mäuslein,
baut ein Häuslein.
Kommt ein Mücklein,
baut ein Brücklein.
Kommt ein Floh,
und der macht … soooo!

Lassen Sie das Mäuslein, also die Finger einer Hand, zuerst auf der Wickelkommode spazieren gehen. Dann „laufen" die Finger von den Füßen hinauf zum Bauch und formen auf dem Bauch des Kindes ein kleines Haus, indem man die Finger aufstellt.

Das Mücklein schwirrt mit lautem „bssss" durch die Luft und dreht sich über dem Kopf des Kindes, bis es auf dem Bauch ein Brücklein baut. Wenn aber der Floh angesprungen kommt – er hüpft von rechts nach links–, landet er plötzlich auf dem Bauch und kitzelt das Kind ordentlich durch. Spielen Sie großzügig, mit großen, ausladenden Bewegungen. Schaffen Sie Kontraste zwischen dem herumfliegenden Mücklein und dem hüpfenden Floh. Je intensiver Sie mit den Händen erzählen, umso faszinierender wird die kleine Geschichte, die Sie zu erzählen haben.

Das erste „Mama"

Um den ersten Geburtstag herum ist es dann endlich da: das erste „Papa" oder „Mama"! Wann es aus dem Mund Ihres Kindes tönt, ob mit zehn oder mit achtzehn Monaten, ist von Kind zu Kind verschieden. Häufig scheint es so zu sein: Kleinkinder, die motorisch weit entwickelt sind, also früh zu krabbeln und zu laufen beginnen, fangen später an zu sprechen. Umgekehrt scheinen sich Kinder, die weniger Interesse am Hochziehen, Krabbeln und Laufen haben, früher über Töne und erste Wörter mitteilen zu wollen.

Auf jeden Fall kennt Ihr Kind mit einem Jahr verschiedene Töne und erkennt sie, wenn es jemanden sprechen hört. Und der Drang, Töne nachzumachen, ist den Babys nun mal angeboren. Sie wollen sprechen lernen.

Was gehört zur Sprache? Erst einmal Töne, dann Silben und dazu die Muster, also die Grammatik.

Babys lernen Grammatik

Babys und Grammatik – was hat das miteinander zu tun, werden Sie sich fragen. Doch schon mit etwa neun Monaten lernen Babys Strukturen in der Muttersprache zu erkennen. Man kann sich sprachliche Strukturen ähnlich wie ein Strickmuster vorstellen: Zwei rechte Maschen, zwei linke Maschen, zwei rechte Maschen, zwei linke Maschen usw. Kommt dann plötzlich zwei rechte Maschen, eine linke Masche, zwei rechte Maschen, eine linke Masche, dann ist das neu. So ist das auch mit der Sprache.

Nehmen wir als Beispiel das Lied „Große Uhren machen ticktack". Am Ende des Liedes heißt es: „Und die Kirchturmuhr macht bimbam, bimbam, bimbam." Das Kind hat sich, nachdem man ihm das Lied häufig vorgesungen und es mit ihm gespielt hat, an die Reihenfolge und die Laute in dem Lied gewöhnt. Verändert man nun beim Vorsingen die Laute, also zum Beispiel: „Und die Kirchturmuhr macht bumbum, bumbum, bumbum", wird das Kind verwundert aufmerken und die Mutter fragend anblicken. Es merkt, dass „bumbum" anders klingt als „bimbam".

Verändert man stattdessen die grammatische Struktur, wird es das im Alter von etwa neun Monaten auch schon merken. Beispielsweise könnte man singen: „Und die Kirchturmuhr macht bimbim, bam, bimbim bam, bimbim bam". Das „Strickmuster" hat sich geändert – und das Baby schaut erstaunt: „Das war doch sonst immer anders!"

KUCKUCKLIEDER

Die Begeisterung für kleine Überraschungen, die Neugier, ist kleinen Kindern angeboren. Ein „Plumps" am Ende des Kniereiters, das plötzliche Kitzeln beim Fingerspiel oder das „Wieder da" bei Kuckuckliedern. Verstecken und wieder zeigen ist ein lustiges Spiel, das Kleinkinder fesselt und das sie immer wieder spielen möchten.

Den „Zuckerkuchen"-Reim kann man gut mit Babys im Kinderwagen oder im Hochstuhl am Tisch spielen. Es hat seine Hand auf dem Tisch oder der Armlehne liegen (wenn es den Reim kennt, wird es die Hand auch selbst verstecken!). Die Hand des Erwachsenen tapst auf dem Tisch herum und sucht den „Kuchen", nämlich die kleine Hand. Am Schluss findet er sie und legt seine Hand sanft über die Hand des Kindes. Dort bleibt die Kinderhand einen kurzen Moment versteckt. Dann tauschen Sie die Rollen und das Kind sucht nach Ihrer Hand.

🎵 ZUCKERKUCHEN

Zimt- und Zuckerkuchen,
fang mal an zu suchen.
Kuchen mit viel Zimt.
Du findest ihn bestimmt!

Wo ist die Hand nur hin? Für Babys ist das mit dem Verstecken so eine Sache: Sehen sie die Hand, dann ist sie da. Sehen sie die Hand nicht, können sie sich noch nicht vorstellen, dass sie nur versteckt ist. Für sie ist die Hand einfach weg. Deswegen macht ihnen das Versteckspielen so großen Spaß. Hält das Verstecktsein allerdings zu lange an, bekommen sie es mit der Angst zu tun. Deswegen: immer nur kurz verstecken!

Babys besitzen noch kein Kurzzeitgedächtnis

Kleine Babys haben kein Kurzzeitgedächtnis. Für sie gilt: Aus den Augen, aus dem Sinn! Jonas robbt mit seinem Holzauto im Wohnzimmer herum. Plötzlich rollt es unter den Schrank. Er sieht es nicht mehr, also gibt es das Auto auch nicht. Jonas robbt zur Puppe und spielt vergnügt mit ihr. Einige Monate später, Jonas ist jetzt zehn Monate alt, passiert ihm das Gleiche noch mal: Das Auto rollt unter den Schrank. Jonas beginnt zu jammern und nach der Mutter zu schreien. Er möchte es wiederhaben. Er weiß nun: Ich sehe das Auto zwar nicht mehr, aber es ist noch da, unter dem Schrank. Das ist ein ganz wichtiger Entwicklungsschritt für ein Kind. Es beginnt die Zeit des Löffelwerfens vom Hochstuhl: Jonas schaut suchend auf den Boden und sieht dann hilfesuchend zum Vater: Bitte aufheben! Immer wieder muss der Vater den Löffel aufheben und Jonas zurückgeben. So trainiert Jonas sein Kurzzeitgedächtnis. Auch mit seiner Mutter: Sie versteckt ihr Gesicht hinter ihren Händen und ruft: „Kuckuck – wieder da!"

Im Alter von etwa zehn Monaten können Kinder gar nicht genug bekommen von Versteckspielen. Mit dem folgenden Verstecklied lernt Ihr Kind ganz spielerisch die Namen seiner Körperteile kennen und wird Ihnen schon bald die Hände anbieten, um sie zu verstecken, wenn sie beginnen, das Lied zu singen.

♫ DAS GEHT SO, SO, SO

Das geht so, so, so,
das geht so, so, so.
Eine Hand, noch 'ne Hand –
und dann sind sie weg!
Das geht so, so, so,
das geht so, so, so.
Ein Fuß, noch ein Fuß –
und dann sind sie weg!

Das Lied beginnt mit Klatschen: Bei „so, so, so" klatschen Sie abwechselnd in Ihre linke und rechte Handfläche. Dann nehmen Sie die Hände des Kindes nacheinander behutsam in Ihre Hände und verbergen Sie darin. Wenn Sie die Hände dann wieder öffnen und die Kinderhände zum Vorschein kommen, zeigen Sie Ihre große Überraschung: „Ach, da sind sie ja wieder, deine Hände!" Genauso geht es mit den Füßen oder auch mit den Ohren, Schultern, Knien oder auch den Augen. Die Augen sollten Sie allerdings nur kurz verdecken, denn das mögen die Kleinen nicht so gerne.

Kinder, die schon sicher alleine sitzen, können bei dem Lied Erfahrungen mit der Trommel machen. Dafür sind am besten kleine Trommeln mit erhöhtem Fuß geeignet, die man den Kindern zwischen die Beine stellen kann, sogenannte Djembes. Wenn Sie sich gegenüber setzen, können Sie zusammen bei „so, so, so" dreimal die Trommel schlagen. Ihr Kind wird das auch probieren und zunächst mit der Trommel experimentieren. Später, wenn es älter ist, wird es versuchen, Ihre Art, dreimal zu trommeln, nachzumachen. Aber der Weg dorthin führt wie bei fast allem über das Probieren, Scheitern und Gelingen. Geben Sie Ihrem Kind also die Trommel häufiger einfach so zum Spielen, damit es das Instrument ausgiebig erkunden kann.

KUCKUCK

Ich hab hier etwas in der Hand.
Versteckt – das ist ja allerhand!
Ich hab's versteckt – ruckzuck.
Da guckt es raus – kuckuck!

Ein kurzer Kuckuckreim für zwischendurch bietet sich immer dann an, wenn man Wartezeit überbrücken muss und das quengelige Kind ablenken möchte. Auch beim Essen, wenn man nach dem Füttern noch etwas sitzen bleibt, kann man den Kuckuckreim gut unterbringen. Bei diesem Reim macht man eine Faust mit dem Daumen darin, und am Schluss streckt man den Daumen aus.

Wo bist du?

Sicher haben Sie kleine bunte Tücher zu Hause, unter denen man sich verstecken kann, vielleicht sogar Chiffontücher. Der Vorteil der Chiffontücher ist, dass sie durchsichtig sind und somit eine gewisse „Sicherheit" für das Kind bieten. Als kleine Person selbst ganz unter einem dunklen Tuch zu verschwinden, kann sehr beängstigend sein. Auch wenn Mamas Kopf im Spiel plötzlich nicht mehr zu sehen ist, verunsichert das kleine Kinder rasch. Da sind die durchsichtigen Tücher ein guter Mittelweg, um sich zu verstecken und doch alles im Blick zu behalten und zu wissen: Mama ist trotzdem noch da.

Schon mit sechs Monate alten Kindern kann man „Wo bist du?" spielen. Man legt das Chiffontuch über den Kinderkopf – oder lässt es heruntersegeln – und fragt erstaunt: „Wo bist du? Wo ist denn der Max?" Schnell lernt Max, wie er sich das Tuch selbst vom Kopf ziehen kann, und hat dabei ein tolles Erfolgserlebnis. „Da bist du ja wieder!" Dann versteckt sich Papa und fragt: „Wo ist denn der Papa geblieben?" Und triumphierend findet Max Papa unter dem Tuch wieder. Aber Vorsicht: Das Spiel hat für kleine Kinder Suchtpotenzial!

Erst wenn Max etwa ein Jahr alt ist, wird er selbst die Initiative beim Versteckspiel übernehmen. Dann wird er sich selbst das Tuch über den Kopf legen. Es dauert dann noch ein paar Monate, bis er dazu fragen kann: „Bo is Maz?"

RHYTHMUSGEFÜHL ENTWICKELN

Babys können sich noch nicht zu Klängen bewegen, weil sie schlichtweg motorisch noch nicht in der Lage sind, ihre Arme und Beine zielgerichtet zu steuern. Auch später ist es für Kleinkinder ganz schön schwierig, abwechselnd im gleichen zeitlichen Abstand mit den Beinen zu stampfen oder in die Hände zu klatschen. Was aber Babys und jüngere Kleinkinder durchaus schon können, ist das Erspüren von Bewegungen. Deswegen sind Kniereiterverse so wertvoll. Das Auf und Ab auf dem Schoß der Mutter, des Vaters oder der Großmutter fühlt das Kind und erfährt dabei, dass es so etwas wie einen Grundschlag gibt oder sogar einen Rhythmus.

Schon wenige Monate alte Säuglinge genießen das gleichmäßige Auf und Ab. So wie beim lustigen Kniereitervers „Der Schotterwagen". Auf dem Schoß kann man das Wippen gut dosieren. „Feine Schottersteine" federn nur sanft, „große Schottersteine" rumpeln richtig und sich in die Kurven zu legen macht ohnehin Spaß.

Wie bei vielen Kniereiterversen folgt am Ende die Überraschung. Man hält das Kind fest an den Händen. Ein kleines Baby kann man sanft und nur angedeutet von sich wegschieben. Ein Kleinkind, das schließlich schon etwas robuster ist, hat Freude daran, beim Abladen kräftig nach hinten zu plumpsen.

♫ DER SCHOTTERWAGEN

Schotter fahren, Schotter fahren,
mit dem alten Schotterwagen.
Schotter fahren, Schotter fahren,
mit dem alten Schotterwagen.
Erst die kleinen, diese feinen,
dann die großen, die so stoßen.
Linke Kurve, rechte Kurve
und – abladen.

Klatschen ist einfach

Mit den Händen zu klatschen ist für uns Erwachsene das Einfachste der Welt. Wie so viele Bewegungen, die eigentlich recht komplex sind, sind sie uns in Fleisch und Blut übergegangen. Aber eigentlich muss man zum Klatschen die Hände zusammenführen, was ein Baby erst lernen muss, und dann mit Schwung die andere Handfläche treffen. Und dabei soll auch noch ein Laut entstehen. Möchte man womöglich noch zur Musik mitklatschen, muss man das auch noch in bestimmten Abständen tun. Obwohl das Gehirn also eine ganze Menge Befehle abschickt, bis ein Klatschton zu einer Melodie entsteht (der Musik zuhören, Hände heben, Hände mit ausgestreckten Fingern zusammenführen, Hände wieder auseinander halten, Hände mit Schwung aufeinander treffen lassen, der Musik zuhören, im gleichmäßigen Abstand klatschen usw.), lernt ein Baby das Klatschen recht früh: Ungefähr mit sechs oder sieben Monaten kann es das meist. Bis es allerdings im Grundschlag oder gar im Rhythmus bei einem Lied mitklatschen kann, vergeht noch Zeit.

Grundschlag, Takt und Rhythmus

„Er tanzt gut, er hat Rhythmus im Blut", sagen wir manchmal, wenn wir jemanden auf der Tanzfläche sehen, bei dem das Tanzen einfach gut aussieht. „So möchte ich auch mal Schlagzeug spielen können", denken wir beeindruckt, wenn der Schlagzeuger wild und verschwitzt um sich haut, und das auch noch toll klingt. Wie kommt es, dass wir uns mit den Händen, mit den Füßen, ja mit dem ganzen Körper so zur Musik bewegen, dass es „passt"? Wie kann es sein, dass ein Schlagzeuger den Rhythmus offensichtlich schon im Kopf hat und ihn dann mit Händen und Füßen für uns hörbar macht?

Dazu ist es hilfreich, sich einige Gedanken über Grundschlag, Takt und Rhythmus zu machen. Das Erste und Einfachste, das ein kleines Kind spürt, wenn es Musik hört, ist der Grundschlag. Ganz automatisch wiegt die Oma ihr Enkelkind hin und her, wenn sie ihm ein beruhigendes Lied vorsingt. Dabei stoppt sie nicht zwischen den Strophen, sondern wiegt das Kind auch in den Liedpausen weiter. Sie folgt dem Grundschlag, der sich durch ein Lied von Anfang bis Ende in bestimmten, gleichen Abständen ohne Unregelmäßigkeiten hindurch zieht.

Nun sprechen wir aber nicht von „Grundschlaggefühl", wenn wir jemanden wegen seines tänzerischen Könnens bewundern. Wir sagen auch nicht: „Paul hat viel Taktgefühl!" Höchstens, wenn wir erzählen, wie einfühlsam Paul mit anderen Menschen umgeht. Am ehesten verwenden wir wohl den Begriff Rhythmusgefühl. Was ist denn dann der Unterschied zwischen Takt und Rhythmus in der Musik? Ein Takt entsteht dadurch, dass man den Grundschlag in Gruppen zusammenfasst. Nun gibt es natürlich sehr viele Taktarten, etwa Dreiviertel- oder Viervierteltakt. Wichtig ist, dass Kinder möglichst viele verschiedene Taktarten zu hören bekommen und am eigenen Körper spüren. So entsteht Rhythmusgefühl: Man hört und fühlt den Unterschied – dazu braucht man keine theoretischen Kenntnisse über Musik. Bieten Sie Ihrem Kind verschiedene Lieder an, dann ist auf jeden Fall von allem etwas dabei. Viele Kinderlieder sind im Walzertakt, also im Dreivierteltakt, geschrieben. Dazu kann man wunderbar hin und her wiegen. Auch im Viervierteltakt gibt es viele Kinderlieder, die leicht zu singen sind.

Mit dem Kind reiten

„Hopp, hopp, hopp, Pferdchen, lauf Galopp" ist im Viervierteltakt gehalten. Das merken wir ganz ohne nachzudenken, wenn wir das Lied singen und dabei unser Kind auf den Knien auf und ab hüpfen lassen. Probieren Sie es einmal: Setzen Sie sich auf einen Stuhl, singen Sie das Lied oder legen Sie die CD ein und bewegen Sie dann Ihre Knie dazu auf und ab. Wenn Sie im Grundschlag „reiten", gibt es keine Pausen. Ihre Knie federn in gleichmäßigen Abständen auf und ab. Haben Sie aber Ihr Baby auf den Knien sitzen und sehen seine erwartungsvollen Augen, werden Sie wahrscheinlich ohne nachzudenken eine Pause nach „Hopp, hopp, hopp" machen und dann mit „Pferdchen, lauf Galopp" weitermachen. Das heißt, Sie lassen einen Grundschlag aus, machen eine Pause, und richten sich nach dem Takt und dem Rhythmus. Und plötzlich ist aus dem Lied eine spannende Geschichte geworden. Pausen machen Kinder neu-gierig: „Wie geht es weiter?", „Was passiert jetzt?" All das geschieht, ohne dass Sie sich auch nur einen Gedanken darüber machen. Sie tun das automatisch – weil Sie das in der Melodie und in den Wor-ten des Liedes spüren!

Hören – spüren – machen

Damit ein Kind ein Gefühl für den Grundschlag entwickelt – und nach und nach auch für Takt und Rhythmus –, ist demnach vor allem eines wichtig: Sprechen Sie bei Ihrem Kind möglichst viele Sinne an. Melodie und Rhythmus kann man hören, wenn Mama ein Gutenachtlied singt oder eine CD läuft. Melodie und Rhythmus kann man spüren, wenn man auf Papas Schoß sitzt und er „Hoppe, hoppe, Reiter" singt und mit den Knien wippt. Zu Melodie und Rhythmus kann man hin und her schaukeln, man kann die Vibra-tion der Trommel beim Schlagen fühlen und die fließenden Bewe-gungen beim Tanzen genießen. Kurz gesagt: Hören – Spüren – Machen.

Den bekannten Klassiker unter den Kniereiterliedern, „Hopp, hopp, hopp, Pferdchen, lauf Galopp", kann man so wie „Der Schotterwa-gen" auch einfach auf den Takt wippen.

HOPP, HOPP, HOPP, PFERDCHEN, LAUF GALOPP

Hopp, hopp, hopp,
Pferdchen, lauf Galopp
über Stock und über Steine,
aber brich dir nicht die Beine,
hopp, hopp, hopp,
Pferdchen, lauf Galopp.

Tripp, tripp, trapp,
wirf mich ja nicht ab.
Zähme deine wilden Triebe,
Pferdchen, tu' es mir zuliebe,
tripp, tripp, trapp,
wirf mich ja nicht ab.

Brr, brr, brr,
steh' doch, Pferdchen, steh.
Darfst gleich wieder weiter springen,
muss dir nur das Futter bringen.
Brr, brr, brr,
steh doch, Pferdchen, steh.

Hah, hah, hah,
hei, nun sind wir da.
Mutter, Mutter, liebe Mutter,
bring dem Pferdchen auch mal Zucker,
hah, hah, hah,
hei, nun sind wir da.

Nehmen Sie Ihr Kind mit auf einen Ritt. Dazu halten Sie es so auf dem Schoß, dass Sie beide sich ansehen können. Fassen Sie es an den Händen und schaukeln Sie es auf den Oberschenkeln auf und nieder. Je sicherer das Kind schon das Gleichgewicht halten kann, desto wilder können Sie miteinander reiten. Ganz bestimmt wird es Sie auffordern, noch mal zu reiten und noch mal und noch mal …

Wenn Sie „Hopp, hopp, hopp", „Brr, brr, brr", „Tripp, tripp, trapp" und „Hah, hah, hah" sehr betont singen und Ihr Kind dazu kurz und merkbar auf den Beinen auf und ab hüpfen lassen, spürt es noch etwas mehr. Es spürt nämlich auch, dass Sie manche Silben betonter singen und sich heftiger dazu bewegen als bei anderen. Was so theoretisch klingt, machen die meisten Menschen ohne nachzudenken sowieso. Schließlich „passiert" ja in den Kniereiterversen und -liedern etwas; sie erzählen eine Geschichte, bei der es aufregende Momente gibt. Und da wird stärker gewippt und lauter gesprochen.

Auch mit Pausen bringen wir noch mehr Spannung in das Spiel – und das machen wir ebenfalls, ohne darüber nachzudenken. Das kennen wir von vielen Kniereitern, etwa von „Rirarutsch, wir fahren mit der Kutsch".

RIRARUTSCH, WIR FAHREN MIT DER KUTSCH

Rirarutsch, wir fahren mit der Kutsch.
Wir fahren mit der Schneckenpost,
wo es keinen Pfennig kost'.
Rirarutsch! Wir fahren mit der Kutsch.

Auch hier macht man in der ersten und in der letzten Zeile Pausen nach „Rirarutsch", im Zwischenteil aber nicht. Dort folgt man dem durchgehenden Grundschlag und wippt ohne Unterbrechung.

Bei Wiegenliedern ist das anders. Zu ihnen wiegt man das Kind im Walzertakt immer weiter, ohne „störende" Pausen. Das gleichmäßige Hin und Her kann, wenn man es langsam singt, einschläfern und entspannen. Es macht ruhig und schenkt ein schönes Gefühl von Geborgenheit. Singen Sie das alte Volkslied „Wollt ihr wissen?" schneller und tanzen einen Walzer dazu, ist es aufmunternd und fröhlich.

Zu „Wollt Ihr wissen?" kann man ein schönes Fingerspiel vorspielen.

♫ WOLLT IHR WISSEN?

Wollt ihr wissen, wollt ihr wissen,
was die kleinen Kinder machen?
Puppen wiegen, Puppen wiegen,
Puppen wiegen ist schön.
Wollt ihr wissen, wollt ihr wissen,
was die kleinen Kinder machen?
Puppen wiegen, Puppen wiegen,
legt die Puppen zum Schlaf.

Legen Sie den Zeigefinger der einen Hand in den Handteller der anderen Hand, wie eine Puppe in der Wiege. Das versucht Ihr Kind bestimmt bald nachzumachen.

ARME UND BEINE SORTIEREN

Statistisch ist es bei den meisten Kleinkindern mit etwa 14 Monaten so weit: Sie machen sich auf den Weg. Kleine Kinder, die schon alleine stehen und laufen können, haben einen Riesenspaß an Liedern, zu denen sie sich bewegen und tanzen können. Dabei lernen Sie ganz viel auf einmal: über ihren Körper, über Gleichgewicht und Hinplumpsen und wie sie sich bewegen können, über die Bedeutung von Wörtern und über Takt und Melodie sowieso. Vorgegebene Schritte sind am Anfang eher hinderlich und bremsen die Kreativität. Ein Kind schaukelt mit dem ganzen Körper zur Musik, dreht sich, trippelt und stampft und wirft die Arme hoch. Dieses Sichausprobieren ist ungeheuer wichtig, um ein gutes Körpergefühl zu entwickeln und Melodie und Rhythmus zu erspüren.

Poporutscher und Raser

Die motorische Entwicklung verläuft von Kind zu Kind sehr unterschiedlich. Zum einen sind einige früher und andere später auf den Beinen unterwegs, zum anderen ist auch der Weg dorthin sehr unterschiedlich. Es gibt zum einen die „Roller": Das Baby rollt sich von einer Ecke des Zimmers in die andere, um zu dem bunten Ball zu kommen. Es gibt „Poporutscher", die unglaublich schnell auf dem Po durchs Zimmer hoppeln und das dem Krabbeln vorziehen. Es gibt „Raser": Mit elf Monaten rennen sie ihrer Mutter in der Fußgängerzone davon. Doch alle haben an ihrem zweiten Geburtstag etwas gemeinsam: Sie können aufrecht gehen und haben dabei die Hände frei, um sich mit allem möglichem zu beschäftigen. Der Drang, sich vorwärts zu bewegen, ist angeboren. Sie als Eltern können Ihr Kind auf dem Weg begleiten, neue Anregungen bieten und Anreize geben.

Um die Koordination der Arme und Hände zu fördern, ist der „Mäusekater" ideal. Machen Sie die Bewegungen langsam vor – der Wechsel von linkem und rechtem Arm ist für ein Kleinkind eine ganz schöne Herausforderung – und geben Sie Ihrem Kind durch langsames Spielen Gelegenheit, alles nachzumachen. Die Bewegungen über Kreuz schulen die Konzentrationsfähigkeit.

Zu Beginn strecken Sie Ihre Hände mit geöffneten Handflächen nach vorne und zeigen Ihre Entrüstung. Dann formen Sie mit Ihren Händen über dem Kopf ein Häuschen, bei „schrecklich" legen Sie entsetzt Ihre Hände vor den Mund. Nun kommen die Mäuschen – ihre Finger krabbeln links und rechts von Ihren Beinen auf dem Boden. Bei „sie steigen auf Stühle" legen Sie die rechte Hand auf den linken Unterarm, bei „und Bänke" umgekehrt. Bei „Tische" legen Sie die rechte Hand auf die linke Schulter, bei „Schränke" umgekehrt. Wenn die Mäuse „stehlen" und „naschen" greifen Sie mit beiden Händen in die Luft und stecken sich etwas in den Mund. Dann versuchen Sie, die Mäuse mit einem lauten Patsch beider Hände auf den Boden zu „haschen", aber sie laufen rasch – klopfende Fingerspitzen – an ihren Beinen vorbei und verschwinden hinter dem Rücken. Aber vielleicht kommen sie ja wieder ...

MÄUSEKATER

Mäusekater, wo bist du?
Mäusekater, wo bleibst du?
In unserem Häuschen
sind schrecklich viele Mäuschen.
Sie kribbeln und krabbeln,
sie trippeln und trappeln.
Sie steigen auf Stühle und Bänke
und Tische und Schränke.
Sie stehlen und sie naschen,
und will man sie haschen –
husch, sind sie alle weg!
(Da kommen sie wieder ...)

Für Kinder im zweiten Lebensjahr ist auch das folgende Lied besonders geeignet. „Das ist gerade, das ist schief" macht so viel Spaß,
weil man dauernd aufpassen muss, die richtige Bewegung dazu zu
machen. Und einfach ist es nicht. Das Kind steht zwar auf einem
Platz und muss sich nicht im Raum zurechtfinden, aber die Bewegungen wechseln ständig und man muss gut auf den Text achten,
um mitzukommen. Singen Sie es langsam und machen Sie die
Bewegungen mit, dann wird Ihr Kind viel Spaß daran haben.

DAS IST GERADE, DAS IST SCHIEF

Das ist gerade, das ist schief,
das ist hoch und das ist tief,
das ist dunkel und das ist hell,
das ist langsam und das ist schnell.
Das ist hoch und das ist runter,
das ist müd' und das ist munter,
das ist groß und das ist klein,
das ist stehen auf einem Bein.
Das ist laut und das ist leise,
und so drehen wir uns im Kreise,
das ist bücken, strecken, drehen,
das ist trampeln und das ist stehen.

Mein kleiner Tanzpartner

Ältere Kleinkinder probieren auch gerne aus, sich nach einem bestimmten Muster zu bewegen, das zu einem Lied gehört. Den Anfang machen da Kreistanzlieder, bei denen man sich an der Hand hält. Je besser sie ihren Körper beherrschen lernen, desto mehr werden sie auch kompliziertere Schritte und Schrittfolgen und Armbewegungen dazu ausprobieren.

In jedem Fall wäre jedes Werturteil darüber, wie das Kind tanzt, fehl am Platze. Hier gibt es kein richtig oder falsch. Als Erwachsener macht man am besten die entsprechenden Schritte und Bewegungen und verkneift sich ein „Jetzt mach doch mal richtig!" Lassen Sie sich von der freien Tanzweise Ihres Tanzpartners oder Ihrer Tanzpartnerin anstecken.

„Ringel, ringel, Reihe" ist ein altes überliefertes Kinderlied, zu dem ein Kind gut die ersten Schritte üben kann. Nehmen Sie sich an den Händen und gehen Sie im Takt im Kreis herum. Bei „sitzen" gehen Sie beide in die Hocke, so, als ob sie sich verstecken wollten. Dabei das Gleichgewicht zu halten und nicht auf den Po zu plumpsen, ist gar nicht so einfach.

RINGEL, RINGEL, REIHE

Ringel, ringel, Reihe,
sind der Kinder dreie,
sitzen unterm Hollerbusch,
rufen alle „Husch, husch, husch"!

Zum „Flummiball"-Lied kann man so richtig wild im Kreis tanzen. Halten Sie sich an den Händen und hüpfen Sie los, wie ein Gummiball eben.

♫ MEIN KLEINER FLUMMIBALL

Mein kleiner, kleiner Flummiball,
der ist aus Gummi überall.
Erst hüpft er hoch, so hoch er kann,
und kommt fast an den Himmel ran.
Mein kleiner, kleiner Flummiball,
der ist aus Gummi überall.
Mal hüpft er nur auf einem Fleck,
mal springt er weit zur Seite weg.
Mein kleiner, kleiner Flummiball,
der ist aus Gummi überall.
Er springt auch manchmal hin und her,
nach vorne, seitlich, kreuz und quer.

Das Gleichgewicht halten

Mit dem Laufen lernen ist der Anfang gemacht. Der kleine Fratz erobert sich ganz neue Welten. Er sieht die Welt „von oben" und kommt rasend schnell von A nach B. Dafür musste er lernen, das Gleichgewicht zu halten. Das wird er auch auf dem Spielplatz ausprobieren und bald auf dem Laufrad.

Große Schritte zu machen, während ein Fuß in der Luft ist, ist eine gute Gleichgewichtsübung. Zu dem folgenden Lied vom Storch und der Störchin geht man hintereinander her im Kreis. Lustig ist es, wenn man dazu noch das Schellenband aus dem Kapitel „Flattersäckchen und Schellenband" an einen Fuß bindet.

Neue
Eltern-Ratgeber
von humboldt

Endlich
entspannt
erziehen.

SABRINA HEINKE

**Am ENDE meiner NERVEN
sind noch KINDER übrig**

Weniger schimpfen, weniger Chaos
und weniger Stress im Familienalltag

Endlich
entspannter
erziehen

humboldt

ALEXANDRA KARR-MENG

**KINDER ACHTSAM
ERZIEHEN**

WIE SIE WUT, STREIT UND GESCHREI
AUS DEM FAMILIENALLTAG VERBANNEN

humboldt

humboldt

...bringt es auf den Punkt.

Sabrina Heinke

Am Ende meiner Nerven sind noch Kinder übrig

- Der Ratgeber von *Mamahoch2*-Erfolgsbloggerin Sabrina Heinke
- Superpraktische Tipps gegen Stress und Überforderung im Familientrubel
- Absolut Mama-Alltags-tauglich

232 Seiten
ISBN 978-3-86910-640-3
€ 19,99 [D] · € 20,60 [A]

NEU

NEU

Mira Mondstein | Deva Wallow

Alle Antennen auf Empfang

- 100% praktisch: Der Alltags-Ratgeber für Eltern von hochsensiblen Kindern
- 100% wirksam: Strategien für alle typischen Stress-Situationen
- 100% passend: Konkrete Tipps für alle prägenden Phasen – vom Babyalter bis zum Ende der Grundschulzeit

184 Seiten
ISBN 978-3-86910-641-0
€ 19,99 [D] · € 20,60 [A]

AUF UNSRER WIESE GEHET WAS

Auf unsrer Wiese gehet was,
watet durch die Sümpfe.
Es hat ein schwarz-weiß Röcklein an,
trägt auch rote Strümpfe,
fängt die Frösche schnapp, schnapp, schnapp,
klappert lustig klapperdiklapp.
Wer kann es erraten?

Ihr denkt, das ist der Klapperstorch,
watet durch die Sümpfe.
Er hat ein schwarz-weiß Röcklein an,
trägt auch rote Strümpfe,
fängt die Frösche schnapp, schnapp, schnapp,
klappert lustig klapperdiklapp.
Nein, das ist die Störchin!

Man macht beim Lied übertrieben große Schritte, am besten mit durchgestreckten Beinen. Die Arme liegen gestreckt aufeinander und zeigen nach vorne, wie ein langer Schnabel. Bei „schnapp, schnapp, schnapp" und „klapperdiklapp" klappert man mit den ausgestreckten Armen je dreimal.

Wenn ein Kind schon sicher steht und läuft, kann man zum „Padumpa"-Lied etwas ausprobieren. Am besten spielen Sie barfuß oder in Stoppersocken. Halten Sie sich gegenseitig gut an den Oberarmen fest. Ihr Kind darf sich auf Ihre Füße draufstellen, und los geht's im Kreis, bis beide – hinplumpsen.

♫ PADUMPA

Padumpa, padumpa, padumpa, padum,
wir drehen uns alle im Kreis herum.
Padumpa, padumpa, padumpa, padum,
du stehst ja auf meinen Füßen herum.
Padumpa, padumpa, padumpa, padum,
wir drehen uns beide im Kreis herum.
Padumpa, padumpa, padumpa, padim,
pass auf, wir plumpsen zusammen hin!

FINGERSPIELE FÜR DIE FEINMOTORIK

Jeden Finger einzeln zu bewegen, abwechselnd mit den Fingern zu wackeln, eine Hand geschlossen und eine ausgestreckt zu halten – all das ist uns Erwachsenen selbstverständlich, für kleine Kinder aber keineswegs. Fingermärchen, die man erzählt und vorspielt, sind ein Anreiz, es selbst mit den kleinen Fingerchen zu versuchen. Es geht darum, die Glieder als einzelne Teile des Körpers zu entdecken, und nicht die Hand nur als Ganzes zu spüren. Probieren Sie es mit dem Fingerspiel „Der kleine Faulpelz".

DER KLEINE FAULPELZ

Der hat das Gras abgemäht,
der hat es später umgedreht,
der lädt es auf den Hänger auf,
der fährt den Traktor bis nach Haus,
und der Kleine sitzt gemütlich vorne drauf.
Der kleine Faulpelz!

Kleinkinder probieren gerne selbst aus, wie das mit den Fingermärchen geht. Bei Babys spielt man die Geschichte mal mit den eigenen Fingern vor und auch mal mit den Fingern des Kindes. Dazu fasst man die zu bewegenden Finger sanft an. Dadurch entwickelt das Kind ein Gefühl dafür, welcher Finger bei welchem Satz dran ist.

Beim „Kaufladen"-Fingerspiel üben Kinder, abwechselnd mit dem Zeigefinger der einen Hand und mit dem der anderen Hand zu wackeln.

♫ IM KAUFLADEN

Guten Tag!
Guten Tag!
Was darf's sein?
Ein Hühnerbein.
Hab ich keines,
auch kein kleines.
Na, schönen Dank!
Auf Wiedersehen!
Auf Wiedersehen!

Mit jedem Finger einzeln wackeln muss man auch beim folgenden Lied. Es wird zur bekannten Melodie von „Bruder Jakob" gesungen und ist schnell gelernt.

WO IST DENN DER DAUMEN?

Wo ist denn der Daumen?
Wo ist denn der Daumen?
Da ist er!
Da ist er!
Guten Tag, wie geht's dir?
Danke schön, vorzüglich.
Weg ist er,
weg ist er!

Zu Beginn hält man beide Fäuste hinter dem Rücken versteckt. Bei „Da ist er!" zeigt man erst den rechten Daumen und dann den linken Daumen. Die beiden Daumen verbeugen sich nacheinander und verschwinden dann einer nach dem anderen. Das kann man so mit den Zeigefingern, Mittelfingern, Ringfingern und den kleinen Fingern durchspielen. Bei diesem Fingerspiel sind beide Hände gefordert. Sie können es noch etwas komplizierter machen, indem Sie die Fäuste vor dem Körper überkreuzen, da muss man sich – auch als Erwachsener – ganz schön konzentrieren.

Immer beide Hände

Eine Hand ganz ausstrecken und still halten, mit der anderen Hand daran spielen, auch das ist für Kleinkinder eine Herausforderung. Achten Sie darauf, dass Ihr Kind beim folgenden Fingermärchen einmal mit der linken Hand am rechten Arm hochkrabbelt und dann umgekehrt, denn das ist wichtig für die Entwicklung der beiden Gehirnhälften.

♫ STEIGT EIN BÜBLEIN AUF DEN BAUM

Steigt ein Büblein auf den Baum,
steigt so hoch, man sieht es kaum!
Hüpft von Ast zu Ästchen,
guckt ins Vogelnestchen.
Ei, da lacht es!
Ei, da kracht es!
Plumps, da liegt es unten.

VON MORGENS BIS ABENDS

Unter Babys und Kleinkindern gibt es selten Morgenmuffel. Wenn sie ausgeschlafen haben, wachen sie meist gut gelaunt auf und sind bereit für den neuen Tag. Dann soll es aber auch gleich losgehen: Babys wollen aus ihren Bettchen gehoben werden, Kleinkinder stehen schon manchmal alleine auf, sofern die Gitterstäbe eine Lücke dafür haben. Selbst nach einer unruhigen Nacht, wenn die Eltern gerädert aufstehen und das Gefühl haben, überhaupt nicht geschlafen zu haben, stecken die Kleinen das meist gut weg und sind topfit.

Wecken

GUTEN MORGEN!

Guten Morgen! Guten Tag!
Ob's Kindchen wohl ein Küsschen mag?
Auf Stirne, Nas' und Äugelein,
das wird ein guter Morgen sein.

An Wochenenden ist es besonders schön, wenn man morgens noch ein wenig im großen Elternbett mit dem kleinen Liebling kuscheln kann. Aber auch an einem normalen Wochentag beginnt der gemeinsame Morgen mit einem Schmuselied innig und fröhlich.

Geht es dann auf die Wickelkommode zum Windelwechsel, genießen es die Kinder, wenn man mit den Fingern über ihren Körper wandert. Der „Flugzeug"-Reim ist wie eine kleine Massage, um alle Körperteile aufzuwecken.

♫ DAS FLUGZEUG

Ein Flugzeug fliegt herum,
und landet mit Gebrumm
auf deinem kleinen Bein.
Ja, darf denn so was sein?

Zwei Leute steigen aus
und rennen hoch zum Bauch,
dann geht es ganz geschwind
zum Arm, schnell wie der Wind.

Sie rennen wieder runter
und steigen ein ganz munter.
Sie fliegen immerzu
und winken „Hallo, du!"

Keine Lust zum Wickeln?

Das alltägliche Programm geht Kindern manchmal auf die Nerven: ausgezogen werden, gewickelt werden, wieder angezogen werden. Es macht nicht mit, sondern im Gegenteil, wehrt sich vielleicht noch dagegen. Da kann das Pflichtprogramm auf der Wickelkommode für Erwachsene und Kind eine nervenaufreibende Sache werden. Erst recht, wenn Vater oder Mutter es eilig haben.

HAMPELMANN

Jetzt steigt Hampelmann, jetzt steigt Hampelmann,
jetzt steigt Hampelmann aus seinem Bett heraus.
Oh, du mein Hampelmann, mein Hampelmann,
mein Hampelmann.
Oh, du mein Hampelmann, mein Hampelmann bist du.
Jetzt zieht Hampelmann … sich seine Strümpfe an.
Jetzt zieht Hampelmann … sich seine Hose an.
Jetzt zieht Hampelmann … sich seinen Pulli an.
Jetzt zieht Hampelmann … sich seine Schuhe an.
Jetzt zieht Hampelmann … sich seine Jacke an.
Jetzt zieht Hampelmann … sich seine Mütze an.

Probieren Sie es einmal mit dem Lied vom „Hampelmann", wenn das Kind keine Lust hat, sich umziehen zu lassen. Die fröhliche Melodie lenkt garantiert ab und die Prozedur des Anziehens ist schneller erledigt. Baut man es regelmäßig in den Tagesablauf ein, wird es bald zu einer lieb gewordenen Gewohnheit. Je nachdem, ob man beim morgendlichen Umziehen ist oder sich für einen Spaziergang fertig macht, variiert man den Text und dichtet, was gerade gebraucht wird.

Trotz Terminstress gelassen bleiben

Kleine Kinder haben einen siebten Sinn dafür, wenn Mama es morgens besonders eilig hat. Ein Termin beim Kinderarzt steht an, in der Firma ist ein frühes Meeting anberaumt, Oma muss am Bahnhof abgeholt werden – die Mutter ist gestresst und das Kind auch. Nun macht das Kind in der Regel nicht besonders gut mit beim Waschen, Anziehen und Frühstücken. Kinder sind Gewohnheitstiere und wollen, dass zum Beispiel Waschen, Anziehen und Frühstücken immer so ablaufen wie jeden Tag. Gleichzeitig spürt es Mamas Unruhe. Stress ist programmiert. Was kann man tun? Natürlich versucht man genügend Zeit einzuplanen, nimmt sich vor, geduldig zu sein, aber Mütter sind auch nur Menschen.

Wenn das Kind zu allem Überfluss auch noch trotzt, wird man als Mutter auch mal ungeduldig und unwirsch. Ergebnis: Kind ist nur zur Hälfte angezogen, zum Frühstücken bleibt keine Zeit, Mama ist genervt. Pünktlich einzutreffen kann man sich abschminken. In so einer Situation hilft es, als Erwachsener eine kurze Auszeit zu nehmen. Einmal kurz ins Bad gehen, dreimal tief durchatmen und sich klarmachen, dass das Leben mit einem Kleinkind eben nicht immer nach Plan läuft. Versuchen Sie, gelassen zu bleiben. Damit es dann weitergeht und Sie trotzdem noch möglichst schnell loskommen, können Sie mit einem Lied „tricksen": Fahren Sie mit der Eisenbahn!

TSCHU, TSCHU, TSCHU, DIE EISENBAHN

Tschu, tschu, tschu, die Eisenbahn.
Wer will mit zur Oma fahr'n?
Alleine fahren mag ich nicht,
drum nehm' ich mir die (Name des Kindes) mit!

Dazu kann man einen Zug bilden oder das Kind vor sich an den Armen halten und es auf die eigenen Füße stellen und laufen. Der Vers lässt sich auf vielerlei Weise verändern. Will man etwa zum Opa aufbrechen, singt man „Wer will mit zum Opa fahren?" Oder muss man mehrere Kinder zum Schuhschrank bugsieren, bildet man einen langen Zug und singt „Wer will mit zum Schuhschrank fahren?" und nimmt erst ein Kind mit. Dann fährt man wieder eine Runde und das nächste Kind hängt sich an die Eisenbahn an.

Zusammen „arbeiten" und Spaß haben

Zum Gelingen eines entspannten Tages trägt es bei, die späten Nachmittagsstunden ruhiger zu gestalten, sozusagen einen Gang rauszunehmen. Allerdings haben Mutter und Vater oft gerade dann besonders viel zu tun: Die Spülmaschine muss ausgeräumt werden, bei älteren Geschwistern müssen noch die Hausaufgaben durchgesehen werden, Wäsche muss draußen von der Leine abgenommen und zusammengelegt werden und, und, und ... Zum Spielen miteinander bleibt manchmal einfach kaum Zeit. Sie können aber versuchen, Ihr Kind tagsüber möglichst häufig in Ihre Tätigkeiten im Haushalt einzubinden. Es wird sich wertgeschätzt fühlen und begeistert mitmachen (vermutlich im Gegensatz zu älteren Geschwistern). Ein zweijähriges Kleinkind hat Freude am Sortieren, es könnte also, nachdem Sie die scharfen Messer vorher herausgenommen haben, das Besteck in die entsprechenden Fächer der Schublade sortieren oder die Arbeit am Tisch sitzend verrichten, falls die Schublade zu hoch sein sollte.

Leintuchspiel

Beim Wäschelegen sind Kinder ganz stolz, wenn sie ihre eigenen Kleidungsstücke im Wäschekorb finden und auf einen eigenen Stapel legen dürfen. Falls Sie Laken oder einen Bettbezug in der Wäsche hatten, bietet sich noch ein besonderer Spaß an. Dazu muss aber noch ein zweiter Erwachsener zu Hause sein: Breiten Sie das Laken aus. Ihr Kind krabbelt hinein und legt sich auf den Rücken. Dann nehmen die Erwachsenen jeweils zwei Ecken in die Hände und schaukeln das Kind darin. Vielleicht singen Sie dazu ein Schlaflied, zum Beispiel das Lied vom Schlummerland.

MEIN SCHLUMMERLAND

In meinem schönen Schlummerland,
da muss ich nicht mehr laufen,
da kann ich für 'ne Handvoll Sand
mir Vogelflügel kaufen.

In meinem schönen Schlummerland,
schwing ich mich in die Lüfte.
Flieg über Berg und über Tal
und über Felsenklüfte.

Seh' unter mir ein großes Heer
von weißen Segelschiffen.
Sie segeln übers blaue Meer
voll von Korallenriffen.

Wie schön ist es im Schlummerland,
ach, wär' ich doch schon dort!
Mein wunderschönes Schlummerland,
mein allerliebster Ort!

Wie schön ist es im Schlummerland,
ach, wär' ich doch schon da!
In meinem schönen Schlummerland,
da werden Träume wahr!

Gemeinsam Essen

Schon kleine Babys möchten mit am Tisch dabei sein, wenn der Rest der Familie isst. Sobald sie aufrecht sitzen können, haben Sie im Hochstuhl alles gut im Blick. Mit ungefähr einem halben Jahr können sie schon an einem Keks herumkauen. Sie schieben das Essen im Mund herum, weichen es ein und zerdrücken es – die Backenzähne brechen erst im zweiten Lebensjahr durch. Aber die Schneidezähne kommen früher, und damit kann man ja immerhin schon kleine Stückchen abbeißen. Bieten Sie dazu verschiedene Sachen an, etwa einen Apfelschnitz oder ein Stück Brotrinde. So gewöhnt sich das Kind daran, an den Familienmahlzeiten teilzunehmen. Außerdem übt es, kleine Brotstückchen mit den Fingern zu greifen und zum Mund zu führen, um sie dann ausgiebig mit dem Mund zu erkunden.

Kinder, die mit ihren älteren Geschwistern am Tisch sitzen, möchten meist früh „alleine" essen und nicht mehr gefüttert werden. Zudem wollen sie das Essen anfassen, zerdrücken, reinpatschen und selbst in den Mund stecken. Wenn man versucht, das Kind in einem verträglichen Rahmen all dies ausprobieren zu lassen, wird auch diese Matschphase vorübergehen. Das Gute daran: Es trainiert dabei seinen Tastsinn, seinen Geschmackssinn und übt das Greifen.

Tischreime

Immer wieder gibt es Tage, oder sogar Wochen, da will das Kind einfach nichts essen. Oder es probiert einen Löffel und dreht sich dann unwillig weg. Das kann zu einem regelrechten „Spiel" werden, allerdings einem unguten: Die Mutter befürchtet schon vorher, dass es wieder einen Kampf ums Essen geben wird, das Kind will gar nicht erst in den Hochstuhl. Da ist von den Eltern Durchhaltevermögen und Nervenkraft gefragt. Ähnlich wie beim Zubettgehen ist es hilfreich, sich einen festen Spruch für den Beginn der Mahlzeit auszusuchen. Das kann ein kurzes Tischgebet sein oder auch ein kleiner Reim.

SCHNELL, SCHNELL, HERBEI

Schnell, schnell, herbei,
es gibt jetzt Brei.
Den süßen, leck'ren
lass' dir schmecken.

Auf jeden Fall ist es hilfreich, bestimmte Essenszeiten einzuhalten und auch immer den gleichen Ort dafür zu wählen. Setzen Sie sich dazu und versuchen Sie, ganz bei Ihrem Kind zu sein. Weder ist es ratsam, nebenher zu lesen, noch gleichzeitig zu telefonieren. Ein absolutes Tabu beim Essen sind der Fernseher und das Tablet. Möglicherweise öffnet das Kind dann mechanisch den Mund und lässt sich füttern, weil die bewegten Bilder so spannend sind, aber es geht ja nicht ums „Abfüttern" und um jeden Preis den Teller leer zu essen, sondern darum, das Essen zu schmecken, zu genießen und auch zu spüren, wann man satt ist.

Wenn man sich mal so richtig aneinander aufgerieben hat – das Kind windet sich im Hochstuhl, die Mutter hält ungeduldig den Breilöffel vor sein Gesicht – kann jedoch Ablenkung nötig sein. Das befreit beide aus dieser angespannten Situation. Wenn Sie also an so einem Tag noch den Nerv haben für einen Tischreim, versuchen Sie es mal mit „Das ess ich nicht!".

♫ DAS ESS ICH NICHT!

Fünf Zwerge sollen Suppe essen.
Der erste sagt: „Das ess ich nicht!"
Der zweite sagt: „Riecht widerlich!"
Der dritte ruft: „Igitt, igitt!"
Der vierte macht da auch gleich mit.
Der fünfte aber hört sie meckern
und lässt sich's still und leise schmecken.

Tippen Sie einzeln die fünf Finger der Kinderhand an. Zum Schluss formen Sie aus dem Händchen eine kleine Faust.

In größeren Familien, in denen die Mahlzeiten gemeinsam eingenommen werden, gibt es meist weniger Probleme beim Essen mit kleinen Kindern. Da wird geredet und etwas angereicht, geklappert und eingegossen, das heißt, da ist so viel los und es dreht sich nicht alles um dieses eine kleine Kind, das vielleicht gerade mal nicht essen will. Versuchen Sie, Ihr Kind also möglichst früh daran zu gewöhnen, dass Essen bedeutet, gemeinsam am Tisch zu sitzen, zu reden, zu teilen und dass man auch nicht einfach vom Tisch aufspringt, wenn man keine Lust mehr hat oder satt ist. Je früher Sie Essensrituale einführen, umso weniger Schwierigkeiten wird es später bei den Mahlzeiten geben.

In der Badewanne

Häufig löst der Satz „Jetzt geht's in die Badewanne" bei den Kleinen einen Sturm der Begeisterung aus. An manchen Tagen aber gibt es Protest. Vielleicht ist es Müdigkeit, vielleicht auch eine unangenehme Erinnerung an den brennenden Schaum in den Augen beim letzten Haarewaschen, vielleicht auch nur „keine Lust". Wie so häufig hilft eine kleine Ablenkung über die Unlust hinweg. Neben dem üblichen Spielzeug für die Badewanne wie Quietscheentchen, Gießkanne, Becher usw. gibt es auch kleine Waschlappen zu kaufen, die wie eine Handpuppe gearbeitet sind. Von Frotteekrokodil bis Handschuhdelfin reicht das Sortiment.

Solch einen Waschhandschuh mit Tiergesicht kann man auch leicht aus einem ganz normalen Waschlappen herstellen. Für einen Frosch brauchen Sie einen grünen Waschlappen, zwei kleine rote Knöpfe und etwas dunkles Stickgarn. Nähen Sie die zwei Knöpfe wie Augen auf und sticken Sie mit dem dunklen Garn einen Lachmund im Schlingenstich. Noch einfacher und schneller geht es, wenn Sie den Lachmund mit einem wasserfesten dicken Filzstift aufmalen. Dann springt der „Frosch" zum Kind ins Wasser, taucht unter, hüpft auf den Bauch und fragt: „Quak, darf ich dich waschen?"

Im Wasser spielen

Das Waschen in der Badewanne ist eine gute Gelegenheit, miteinander zu spielen. Wenn man sich etwas Zeit nimmt, ein Kitzellied singt und dazu mit den Fingern über den Körper wandert, kann das sehr beruhigend sein. Schließlich stimmt das Baden oft auf das Schlafengehen ein. Das warme Wasser und die Berührungen der Mutter entspannen und vermitteln Geborgenheit.

 ZEHN KLEINE WASSERMÄNNER

Zehn kleine Wassermänner schwimmen durch den See.
Der Kleinste taucht bis auf den Grund und kitzelt dich am Zeh.
Zehn kleine Wassermänner schwimmen ganz allein.
Da kommt die schöne Wasserfee und kitzelt dich am Bein.
Zehn kleinen Wassermännern ist es viel zu warm.
Sie springen aus dem Wasser raus und kitzeln dich am Arm.

Auch den Reim von den „kleinen Fischlein" kann man beim Baden spielen. Die Hände sind die Fische, die mal gestreckt, mal gekrümmt durch die Wanne schwimmen und plötzlich irgendwo auftauchen.

DIE KLEINEN FISCHLEIN

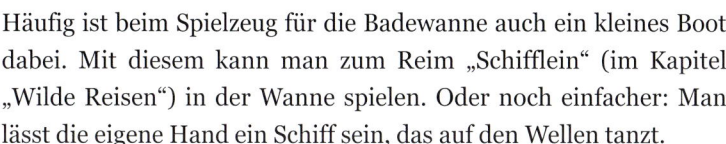

Lustig im klaren Bächlein
spielen die kleinen Fischlein.
Sie schwimmen darinnen herum.
Bald sind sie grad'
und bald sind sie krumm,
aber immer sind die Fischlein stumm.

Häufig ist beim Spielzeug für die Badewanne auch ein kleines Boot dabei. Mit diesem kann man zum Reim „Schifflein" (im Kapitel „Wilde Reisen") in der Wanne spielen. Oder noch einfacher: Man lässt die eigene Hand ein Schiff sein, das auf den Wellen tanzt.

Matsch-Patsch-Tag

Wer den ganzen Nachmittag mit der Buddelhose im Sandkasten gespielt hat, hat den Sand meist nicht nur in den Schuhen, sondern auch in den Haaren. Da möchte man sein Kind gerne in die Badewanne stecken, um den Sand wieder los zu werden. Aber so sehr die Kinder das Spielen und Matschen im Sand genießen, so ungern lassen sie sich den Kopf abduschen. Auf einen fröhlichen Nachmittag mit Schaufel, Eimer und Förmchen folgt dann das große Geschrei in der Wanne, bei dem sich Kind und Mutter aneinander aufreiben.

DUSCHLIED

Wer will saubere Kinder sehen?
Der muss zu uns nach Hause gehn.
Shampoo, Schaum, Shampoo, Schaum,
das riecht so gut, das ist ein Traum.

Wer will saubere Kinder sehen?
Der muss zu uns nach Hause gehn.
Dusch, dusch, dusch, dusch, dusch, dusch,
Hopp, unters Wasser, husch, husch, husch.

Wer will saubere Kinder sehen?
Der muss zu uns nach Hause gehn.
Handtuch her, Handtuch her,
wir bibbern, zittern alle sehr.

Wer will saubere Kinder sehen?
Der muss zu uns nach Hause gehn.
Fön, fön, fön, fön, fön, fön,
dann duftet alles wieder schön.

Mit dem „Duschlied" wird es für alle erträglicher und lustiger. Machen Sie einen Spaß daraus: Rubbeln Sie Ihr Kind mit dem Handtuch ab und schnuppern Sie an ihm.

Barfuß

Oft müssen mal zwischendrin nur die Füße gewaschen werden. Gerade im Sommer, wenn das Barfußlaufen Spaß macht, werden die Füße richtig schmutzig. Nicht immer kommt die Einsicht, dass man sich danach die Füße waschen muss. Mit dem folgenden Lied geht es leichter. Man kann dabei noch eine kleine Fußmassage machen und die Zehen leicht kneten. Das entspannt und tut auch schon kleinen Kindern gut.

PITSCH, PATSCH, PATSCH

Pitsch, patsch, patsch,
durch Regen und durch Matsch.
Wer hier nicht mehr weiter kann,
der zieht sich Gummistiefel an.
Pitsch, patsch, patsch,
durch Regen und durch Matsch.

Das Lied kann man natürlich auch mit sauberen Füßen spielen: Setzen Sie Ihr Kind auf dem Boden vor sich zwischen Ihre Beine und fassen Sie die Unterschenkel. Dann patschen Sie gemeinsam im Takt. Ältere Kleinkinder können das schon alleine – dann setzen Sie sich einfach gegenüber.

Übrigens: Es macht Kindern und Erwachsenen einen Riesenspaß, nach einem Sommergewitter wirklich durch den Matsch zu patschen. Für die Kinder ist es eine der unzähligen Möglichkeiten, ihre Sinne zu schulen, für die Erwachsenen eine ungewohnte Erfahrung, die zusammen richtig viel Spaß bringt.

ENTSPANNUNG AM TAGESENDE

Die meisten Kinder lernen im zweiten Lebensjahr zu laufen. Welch neue Freiheit! Plötzlich können sie sich viel weiter von der Mutter entfernen als zuvor. Aus der neu gewonnenen Höhe können sie ganz neue Dinge sehen und ergreifen. Mit den ersten Schritten erobert sich das Kind eine ganz neue Welt, die es bisher nur auf dem Arm eines Erwachsenen entdecken konnte. Damit gehen aber auch neue Ängste einher, vor allem die Trennungsangst. Das spiegelt sich dann häufig in Einschlafproblemen wider. Müdigkeit und vielleicht auch Dunkelheit tun ihr Übriges dazu, nicht vom aufregenden Tag abschalten zu können.

Eltern, deren Kinder sich in den letzten Monaten problemlos zu Bett bringen ließen, reagieren zunächst ratlos auf die veränderte Situation. Das Kind weint, schreit, klettert wieder aus dem Bett, kommt nachts ins Elternbett und bringt den Familienfrieden durcheinander. Leider gibt es dagegen kein einfaches Mittel und es hilft auch nur begrenzt zu wissen, dass es sich um eine wichtige Entwicklungsphase beim Kleinkind handelt, die irgendwann auch wieder vorbeigeht.

Ein schönes Abendritual etablieren

Manchen Kindern hilft ein Kuscheltier oder eine Puppe, um die Einsamkeit im Bett auszuhalten, manche brauchen aber schlichtweg für eine gewisse Zeit „mehr Mama" (oder Papa). Da kann das Abendritual schon mal eine Stunde dauern. Wichtig ist, dass Mutter oder Vater, die das Kind zu Bett bringen, dies möglichst gelassen tun. Wenn die Wut überwiegt („Jeden Abend das gleiche Theater!"), weil man selbst erschöpft ist, ist es gut, wenn der Partner übernimmt. Wie bei Kindern im ersten Lebensjahr ist es ratsam, sich ein bestimmtes Abendritual zurechtzulegen. Möglichst jeden Tag zur gleichen Zeit werden nach dem gemeinsamen Abendessen die Zähne geputzt, wird der Körper warm abgewaschen und der Schlafanzug angezogen. Dann geht's ins Bett.

Da das Kind schon älter ist, gehört nun vielleicht das Vorlesen oder das gemeinsame Betrachten eines Bilderbuchs dazu. Dann kann man eine schummrige Nachtlampe anschalten und im Dämmerlicht ein Gutenachtlied singen. Vielleicht probiert man auch mal ein neues Lied aus. Dieses sollte man dann aber eine Weile beibehalten. Für ein Kleinkind eignet sich durchaus auch schon ein längeres Lied mit mehreren Strophen und bildreichem Text. Die Traumwelt, von der es erzählt, schickt das Kind mit seinen bunten Bildern auf eine Fantasiereise und entführt es in den Schlaf.

Vertraute Melodien beruhigen

Gerade wenn der Tag voller neuer Eindrücke und aufregender Erlebnisse war, fällt das Abschalten schwer. Das geht selbst den Erwachsenen häufig so. Babys und Kleinkinder haben aber noch keine Übung darin, sich abends selbst zu beruhigen. Dabei müssen die Eltern helfen. Vertraute Lieder und eine vertraute Umgebung schenken Geborgenheit und lassen das Kind leichter in den Schlaf gleiten. Nicht jeden Tag und auch nicht immer gleich, doch im Allgemeinen verfehlen solche Rituale ihre Wirkung nicht.

Das Abendgebet „Müde bin ich, geh zur Ruh" aus dem neunzehnten Jahrhundert kennen bestimmt noch einige aus der Zeit, als ihnen die Großmütter am Bett ein Gutennachtlied gesungen haben.

♫ MÜDE BIN ICH, GEH' ZUR RUH'

Müde bin ich, geh' zur Ruh',
schließe beide Äuglein zu.
Vater lass die Augen dein
über meinem Bette sein.

Alle, die mir sind verwandt,
Gott, lass ruhn in deiner Hand.
Alle Menschen groß und klein,
sollen dir befohlen sein.

Das verträumte „Sandmann"-Lied ist ein modernes Wiegenlied, das man auch schön summen oder auf „la, la, la" singen kann.

Im zweiten Lebensjahr erweitern Kinder ihren Wortschatz unvorstellbar schnell und verstehen viel mehr als sie schon selbst sagen können. Für viele Wörter haben sie schon ein Bild im Kopf gespeichert.

DER SANDMANN

Weißt du, wie der Sandmann zu dir kommt?
Auf 'nem Pferd aus Sternenlicht.
Reitet eine Runde um den Mond,
ehe er zu dir aufbricht.
Hat 'nen großen Sack mit Sand dabei,
feiner Staub aus Mondgestein.
Deine Lider werden schwer wie Blei,
pustet er ihn zu dir rein.
Wenn du tief und fest schläfst irgendwann,
schenkt der Sandmann dir 'nen Traum.
Hebt dich auf sein Pferd und reitet dann
mit dir durch den Weltenraum.

Mit dem uralten Lied „Die Blümelein, sie schlafen" sind schon viele Generationen in den Schlaf gesungen wurden. Es hat nichts von seiner Faszination verloren, denn es erzählt in zeitlosen Bildern vom nächtlichen Frieden. Die Blumen und die Vögel, die alle schon schlafen gegangen sind, den Mond, den Blütenbaum und das Nestchen, das alles kann sich ein Kleinkind gut vorstellen.

DIE BLÜMELEIN, SIE SCHLAFEN

Die Blümelein, sie schlafen
schon längst im Mondenschein.
Sie nicken mit den Köpfchen
auf ihren Stängelein.
Es rüttelt sich der Blütenbaum,
er säuselt wie im Traum:
Schlafe, schlafe, schlaf ein, mein Kindelein.

Die Vögelein, sie sangen
so süß im Sonnenschein,
sie sind zur Ruh gegangen
in ihre Nestchen klein.
Das Heimchen in dem Ährengrund,
es tut allein sich kund.
Schlafe, schlafe, schlaf ein, mein Kindelein.

Sandmännchen kommt geschlichen
und guckt durchs Fensterlein.
Ob irgend noch ein Liebchen
nicht mag zu Bette sein.
Und wo er nur ein Kindchen fand,
streut er in das Aug ihm Sand.
Schlafe, schlafe, schlaf ein, mein Kindelein.

Sandmännchem aus dem Zimmer,
es schläft mein Herzchen fein.
Es ist gar fest verschlossen schon
sein Kuckäugelein.
Es leuchtet morgen mir „Willkommen",
das Äugelein so fromm.
Schlafe, schlafe, schlaf ein, mein Kindelein.

WIE KANN ICH MEIN KIND WEITERHIN MIT MUSIK FÖRDERN?

Sicher haben Sie einige der hier versammelten Spiellieder, Kitzelreime und Kniereiter besonders lieb gewonnen und wiederholen Sie mit Ihrem Kind. Vielleicht passen manche Lieder und Reime im Moment nicht zur Entwicklungsphase Ihres Babys. Da lohnt es sich, zu einem späteren Zeitpunkt einen neuen Anlauf zu nehmen. Aber sicher fragen Sie sich, was Sie noch tun können, damit Ihr Kind sein ganzes Leben Freude an Musik haben kann.

Musik gehört dazu

Welche Musik hören Sie gerne? Läuft im Autoradio ein Sender, bei dem die aktuellen Hits gespielt werden? Oder verbringen Sie Ihren Freitagabend gerne in Jazzkneipen? Besuchen Sie oft klassische Konzerte? Lieben Sie Karaoke-Bars? Oder spielen Sie im örtlichen Trachtenmusikverein? Es gibt noch unzählige Beispiele, wie man im Alltag Vergnügen an Musik haben kann. Egal, welcher Musikrichtung man anhängt, ob man selbst musiziert oder lieber zuhört, auf jeden Fall macht Musik gute Laune. Sie lenkt uns von Alltagssorgen ab und ist Teil unseres Lebens. Genau das können Sie Ihren Kindern vermitteln, und zwar von Anfang an. Mit Hilfe dieses Buches und der beiliegenden CD kann jeder zu Hause mit dem Kind Spaß an Reimen, Rhythmus und Melodien haben.

Spielgruppen

Wer die Augen offenhält, findet meist in seiner Nähe eine Krabbelgruppe oder einen Kurs für Eltern mit Babys und Kleinkindern. In den vergangenen Jahren hat sich ein breites Angebot an Kursen entwickelt, sodass sich Mütter und Väter etwas aussuchen können, das auch ihren persönlichen Neigungen entspricht.

In Krabbelgruppen treffen sich Mütter oder Väter mit ihrem Nachwuchs, um Erfahrungen auszutauschen und gemeinsam zu spielen. Je nach Interessenschwerpunkt der Gruppenleiterin wird dort auch gesungen. In PEKiP-Kursen (Prager Eltern-Kind-Programm) oder Babymassagegruppen, die häufig von Hebammen angeboten werden, spielen Reime und Kinderlieder auch eine große Rolle. Auch beim Babyschwimmen gehören meist ein Begrüßungs- und ein Abschiedslied dazu. Außerdem gibt es Kurse, in denen Babys und Kleinkinder – jeweils dem Entwicklungsstand angemessen – Musik kennenlernen. Mütter und Väter singen mit ihren Kindern, machen Fingerspiele und tanzen gemeinsam. Häufig sind schon einfache Instrumente dabei, die den Gesang begleiten.

Alles sind Angebote, die man wahrnehmen kann, aber nicht muss. Kinder entwickeln sich auch ganz wunderbar, ohne einen Kurs besucht zu haben. Außerdem kann ein Kurs pro Woche, der vielleicht 45 Minuten dauert, nicht die Beschäftigung für den Rest der Woche ersetzen. Da hilft es auch nicht, mehrere Babykurse auf einmal zu besuchen: montags Babyschwimmen, dienstags Musikalische Frühförderung und freitags PEKiP. Abgesehen davon, dass so ein Programm vermutlich mehr Stress als Vergnügen bedeutet.

Sich zu Hause Zeit nehmen

Ob also Kurs ja oder nein, in jedem Fall ist das Wichtigste, dass sich jemand zu Hause die Zeit nimmt, sich mit dem Baby und später dem Kleinkind zu beschäftigen. Meist sind das natürlich Mutter oder Vater, aber nichts spricht dagegen, dass es die Tagesmutter, die Erzieherin in der Krippe, Großmutter oder Großvater oder eine andere Bezugsperson sind. Oder besser: alle, denn jeder bringt etwas anderes dabei ein. Wählen Sie aus den Reimen und Liedern in diesem Buch aus, was ihnen am besten gefällt und bauen Sie es in ihr Familienleben ein.

Welche Musik ist für kleine Kinder geeignet?

Schlichtweg Musik zu hören, ist auch in unserer multimedialen Zeit keineswegs selbstverständlich. Im Zeitalter von Youtube und unzähligen Musiksendern im Fernsehen kann man überall gleichzeitig Musik hören und „sehen". Allerdings ist es für Babys und kleine Kindern nicht empfehlenswert, Fernsehen zu schauen. Musik zu hören hingegen bildet das Gehör – sofern sie nicht zu laut ist und den empfindlichen Ohren schadet. Grundsätzlich ist Ihr „Liveauftritt" der Konserve immer vorzuziehen. Die Stimme von Mutter und Vater ist durch nichts zu ersetzen.

Aber auch Ruhepausen, in denen es im wahrsten Sinne des Wortes „ruhig" ist, sind enorm wichtig, um wieder aufnahmefähig für Neues zu sein. Ein ständiges Berieseln und Gedudel ist dem seelischen Gleichgewicht Ihres Kindes nicht förderlich. Wie so oft, ist auch hier das Maß entscheidend. Lassen Sie also nicht den ganzen Tag Charts oder Kindermusik laufen, sondern sorgen Sie für Phasen der Stille.

Und was die Qualität betrifft: Nicht alles, wo „Kinderlieder" draufsteht, ist auch wirklich für Kleinkinder und Kinder geeignet. Folgen Sie dabei Ihrem Gefühl. Wenn Ihnen eine CD-Aufnahme zu aufgeplustert oder zu unnatürlich vorkommt, lassen Sie die Finger davon und suchen Sie etwas, das Ihnen gefällt. Auch ist es ein Irrglaube, dass Aufnahmen mit Kinderstimmen automatisch Kinder ansprechen. Grundsätzlich ist es empfehlenswert, Aufnahmen zu wählen, die den Rhythmus klar erkennen lassen und bei denen man den Text gut versteht. Allzu viel Brimborium brauchen Kinder nicht. Bei älteren Kleinkindern ist es einfacher: Sie zeigen selbst, ob ihnen eine Kinderliedersammlung auf CD gefällt oder nicht. Entweder sie möchten sie wieder hören – oder eben nicht.

Aber im Allgemeinen macht Musik hören oder selbst musizieren einfach glücklich. Das weiß jeder von uns. Dabei geht es überhaupt nicht darum, ein Spitzenmusiker zu werden, sondern vielmehr darum, Musik als selbstverständlichen Teil des Alltags zu verstehen. Sei es als Grundschulkind im Flötenunterricht, als Jugendlicher in einem Orchester oder der Schülerband oder als Erwachsener im örtlichen Musikverein oder Kirchenchor.

Es ist vielfach erwiesen, dass Kinder, die sich musikalisch betätigen, ihre Konzentration trainieren, besonders kreativ und häufig intelligent sind und sich auch mal durch schwere Aufgaben durchbeißen können. Beim Musizieren und Tanzen lernen Kinder Koordination, sich einzuordnen, Miteinander, Rücksichtnahme auf andere, hinzuhören und – ganz wichtig: das Abwarten auf den eigenen Einsatz!

Gemeinsam Musik zu machen bedeutet, dass man sich auf andere einstellt und mit ihnen zurechtkommt – das, was als Teamfähigkeit bezeichnet wird. Dabei wird soziales Verhalten geübt. Musik machen hat demnach einen positiven Einfluss auf die gesamte Persönlichkeit des Kindes. Es lernt neben dem Musizieren eine ganze Menge, was ihm durch die Höhen und Tiefen des Lebens helfen wird.

Mehr Selbstvertrauen in der Pubertät

Auch wenn es schwerfällt, sich das vorzustellen, so lange das Kind auf allen Vieren durch die Wohnung krabbelt: Auch aus diesem Wonneproppen wird einmal ein launischer und pickliger Teenager. Kinder, die schon früh mit Musik in Berührung gekommen sind und Spaß am Musizieren gefunden haben, finden gerade in der schwierigen Zeit der Pubertät in der Musik einen Halt.

Die Probe des Jugendorchesters in der Musikschule, die Schülerband oder das wöchentliche Treffen im Musikverein oder Chor bieten einen guten Rahmen. Das gemeinsame Musizieren schafft ein Wirgefühl, einen Ort, wo man hingehört. Ähnlich wie ein Mannschaftssport zwingt das Mitspielen in einer Kapelle oder einem Orchester dazu, beim Üben Durchhaltevermögen zu zeigen und zur Verpflichtung, bestimmte Termine wahrzunehmen. Außerdem lernen Kinder dabei, gewisse „Spielregeln" einzuhalten und auch im Stress, nämlich auf der Bühne, Nerven zu bewahren und sich zu präsentieren. Allesamt Fähigkeiten, die Jugendlichen in der Schule, in der Ausbildung und später als Erwachsener helfen. Ein Instrument zu spielen bildet die gesamte Persönlichkeit aus.

Musik zu machen, kann tatsächlich ein bisschen wie der erste Beruf sein, denn auf dem Weihnachtsmarkt lässt sich mit einem kleinen Geigen-Flöten-Duo hervorragend das Taschengeld aufbessern. Und dagegen haben Jugendliche grundsätzlich nichts einzuwenden ...

Musizieren bildet die Persönlichkeit

In der unruhigen Zeit der Pubertät machen Kinder (und somit auch die Eltern) schwierige Phasen durch. Selbstzweifel wechseln ab mit Selbstüberschätzung und Konflikte über wichtige und unwichtige Dinge sind an der Tagesordnung. Pubertierende Kinder oder Teenies sind oft weniger bereit, sich für die Schule zu engagieren. Die Schulnoten sacken bei vielen Schülern mal mehr, mal weniger nach unten. Schließlich werden nicht nur die Eltern, sondern auch die Lehrer und das Lernen infrage gestellt. Manchmal machen Eltern in dieser Zeit die Erfahrung, dass ihr Kind nun auch keine Lust mehr auf regelmäßiges Musizieren hat.

Ein allgemein gültiges Rezept dagegen gibt es nicht, doch zwei Faktoren spielen dabei sicherlich eine Rolle: Kinder, denen schon früh die Möglichkeit gegeben wurde, verschiedene Instrumente kennenzulernen, haben eine gute Chance, bis zur Pubertät „ihr" Instrument zu finden, das heißt ein Instrument, das zu ihnen passt. Wenn ein Kind ein Instrument spielt, das ihm liegt, wird es erfahrungsgemäß mehr darauf üben, folgerichtig größere Erfolge damit erzielen und mehr Spaß haben.

Der andere Grund, warum manche Kinder auch durch die Pubertät hindurch bei der Musik bleiben, hängt eng mit den zuvor genannten Gründen zusammen. Wer sein Instrument gut beherrscht, schafft sich in einem Orchester oder einer Kapelle einen festen Platz. Dirigent und Mitspieler schätzen sein Spiel. Hier wird er gebraucht, hier erfährt er Selbstbestätigung, auch wenn es in der Schule oder im Elternhaus vielleicht mal nicht so rund läuft.

Wenn Eltern demnach beständig dafür sorgen, dass ihr Kind Freude an der Musik und Freude am gemeinsamen Musizieren entwickelt, leisten sie damit einen wichtigen Beitrag zur ganzheitlichen Erziehung. Und das ganz nebenbei, denn all die genannten Fähigkeiten werden ja über Jahre hinweg eingeübt.

ANHANG

Thematisches Verzeichnis der Lieder und Reime

Gutenachtlieder

Gutenmorgenlieder

Kitzelreime und -lieder

Alphabetisches Verzeichnis der Lieder und Reime

Bücher zum Weiterlesen

Remo H. Largo, Babyjahre. Entwicklung und Erziehung in den ersten
vier Jahren. Piper 2017

Hetty van de Rijt, Frans X. Plooij, Oje, ich wachse! Von den zehn
„Sprüngen" in der mentalen Entwicklung Ihres Kindes während der
ersten 20 Monate und wie Sie damit umgehen können. Goldmann
Verlag 2005

Jan-Uwe Rogge, Das neue Kinder brauchen Grenzen. rororo 2008

Manfred Spitzer, Norbert Herschkowitz, Wie Babys lernen. Galila Hör-
buchverlag 2007

Interessante Internetadressen

www.bke-beratung.de (Bundeskonferenz für Erziehungsberatung e.V.)

www.caritas.de (Deutscher Caritas-Verband e.V.)

www.elterntelefon.org (Nummer gegen Kummer e.V.)

www.evangelische-beratung.info (Diakonisches Werk der evangelischen
Kirche in Deutschland e.V.)

www.familienhandbuch.de (Staatsinstitut für Frühpädagogik,
München)

www.familien-wegweiser.de (Bundesministerium für Familie,
Senioren, Frauen und Jugend)

Verwendete Literatur

Bernd Brucker, Fingerspiele. Klassiker und neue Ideen für Babys und
    Kleinkinder. Heyne Verlag 2009

Das große Liederbuch (Hrsg. Anne Diekmann, Willi Gohl). Diogenes
    Verlag 2001

Wilfried Gruhn, Kinder brauchen Musik. Musikalität bei kleinen
    Kindern entfalten und fördern. Beltz Verlag 2003

Georg Klusmann, Vom Baby zum Kleinkind. Ausgewählte Sing-,
    Lern- und Bewegungsspiele zur Entwicklung von Kleinstkindern.
    Luther-Verlag 1983

Dorothee Kreusch-Jacob, Das Musikbuch für Kinder. MDS 2001

Manfred Spitzer, Musik im Kopf. Hören, Musizieren, Verstehen und
    Erleben im neuronalen Netzwerk. Schattauer 2008

REGISTER

LIEDER AUF DER AUDIO-CD

Steigt ein Büblein auf den Baum	Text auf Buch-Seite 114
Guten Morgen!	Text auf Buch-Seite 115
Das Flugzeug	Text auf Buch-Seite 116
Hampelmann	Text auf Buch-Seite 117
Tschu, tschu, tschu	Text auf Buch-Seite 119
Mein Schlummerland	Text auf Buch-Seite 121
Schnell, schnell, herbei	Text auf Buch-Seite 123
Das ess ich nicht!	Text auf Buch-Seite 124
Zehn kleine Wassermänner	Text auf Buch-Seite 126
Die kleinen Fischlein	Text auf Buch-Seite 127
Duschlied	Text auf Buch-Seite 128
Pitsch, patsch, patsch	Text auf Buch-Seite 129
Müde bin ich, geh zur Ruh	Text auf Buch-Seite 132
Der Sandmann	Text auf Buch-Seite 133
Die Blümelein, sie schlafen	Text auf Buch-Seite 134

Quellenangabe:

Track 10, 17, 19, 35, 36, 44, 68, 73, 74: Susanne Jäger

Track 1, 4, 5, 7, 8, 11, 12, 13, 14, 16, 18, 21, 22, 24, 25, 27, 30, 31, 32, 33, 37, 40, 42, 43, 45, 47, 48, 52, 54, 57, 58, 59, 61, 62, 63, 66, 67, 69, 70: Ulla Nedebock

Track 28: Farah und Patrick Wind

Track 39: Noah Wind

Track 71: Noah und Sophia Wind

Track 6: Sophia Wind

Track 3, 49, 51, 53, 64: Farah, Noah und Sophia Wind

Track 2, 9, 15, 20, 23, 26, 29, 34, 38, 41, 46, 50, 55, 56, 60, 65, 72, 75: Patrick Wind

Arrangements, Mischung und Mastering: Patrick Wind

Studio: human)) touch media, Konstanz

Konzept: Ulla Nedebock

Die besten
Mama-Life-Hacks!

Stand 2019. Änderungen vorbehalten.

- Familien-Alltag im Griff und dennoch Zeit für sich: die besten Life-Hacks für Mamas von der Macherin des Erfolgs-Blogs „Familie Ordentlich"

- Endlich mehr Freude und Zufriedenheit für gestresste Mütter

- In 30 Tagen zum entspannten Mama-Dasein: Tipps & Tricks, die helfen, das Haushalts-Chaos zu beherrschen, obwohl die Kinder die volle Aufmerksamkeit fordern

Nicole Weiß

Familie Ordentlich

208 Seiten, 80 Fotos
14,5 x 21,5 cm, Softcover
ISBN 978-3-86910-415-7
€ 19,99 [D] / € 20,60 [A]

Der Ratgeber ist auch als eBook erhältlich.

humb●ldt
...bringt es auf den Punkt.

Erziehung
auf Augenhöhe

Stand 2019. Änderungen vorbehalten.

- Achtsamkeit – auch in der Kindererziehung
- Der praktische Eltern-Ratgeber: Mit kleinen Veränderungen zu mehr Harmonie und Verständnis im Familienalltag
- Geniale Rituale und Übungen, die sich leicht und schnell umsetzen lassen

Alexandra Karr-Meng
Kinder achtsam erziehen
208 Seiten
14,5 x 21,5 cm, Softcover
ISBN 978-3-86910-639-7
€ 19,99 [D] / € 20,60 [A]

Der Ratgeber ist auch als eBook erhältlich.